扬我中华武术之魂 / 振兴中华武学 / 强健自身体魄

中国柏青拳法

菏泽市洪拳协会　编著

北京理工大学出版社
BEIJING INSTITUTE OF TECHNOLOGY PRESS

版权专有　侵权必究

图书在版编目（CIP）数据

中国洪拳 / 菏泽市洪拳协会编著 . -- 北京：北京理工大学出版社，2023.11（2023.12 重印）
ISBN 978-7-5763-2739-7

Ⅰ . ①中… Ⅱ . ①菏… Ⅲ . ①拳术—中国—通俗读物
Ⅳ . ① G852.19-49

中国国家版本馆 CIP 数据核字 (2023) 第 151641 号

责任编辑：徐艳君　　**文案编辑：**徐艳君
责任校对：刘亚男　　**责任印制：**施胜娟

出版发行	/ 北京理工大学出版社有限责任公司
社　　址	/ 北京市丰台区四合庄路 6 号
邮　　编	/ 100070
电　　话	/（010）68944451（大众售后服务热线）
	（010）68912824（大众售后服务热线）
网　　址	/ http://www.bitpress.com.cn

版 印 次	/ 2023 年 12 月第 1 版第 2 次印刷
印　　刷	/ 唐山富达印务有限公司
开　　本	/ 880 mm × 1230 mm 1/16
印　　张	/ 28.25
字　　数	/ 360 千字
定　　价	/ 98.00 元

图书出现印装质量问题，请拨打售后服务热线，负责调换

编 委 会

主　　编：赵效合　陈　勇　樊庆斌

副 主 编：马西磊　卞好政　刘国庆　李　建

编委成员：李良斌　朱思年　付克轩　耿广民　杨文喜　蒋红东

　　　　　王建军　尹庆桥　董启兴　赵　萌　王海宾　高志起

　　　　　张秋海　郭康元　杨品红　刘秀芹　王凤江　李节义

　　　　　赵登臣　彭立波　程元江　朱道运　朱德玉　张纯友

　　　　　刘维鑫　徐河文　杜效华　李新朝　乔保成　许素雷

　　　　　陈宝军　李洪涛　梁乃运　刘厚振　张守领　吴　雷

　　　　　郭　魁　刘传江　李明山

前　言

　　《中国洪拳》一书在有关人士的帮助和指导下，即将出版面世，同大家见面，这是菏泽洪拳传承发展中的一件幸事。这里面包含了先辈们的心血和智慧，以及当代人的辛勤和汗水。

　　中华武术源远流长，内涵丰厚，博大精深，是中华传统文化中的一颗璀璨绚丽的明珠，菏泽是著名的武术之乡，"洪拳"则是这百花园中的一支奇葩。

　　洪拳是一个古老的拳种。鸿钧老祖根据阴阳造就武术；孙武子祖初创四大名拳；赵太祖走关东，闯关西；李先明祖师博采众家之长，融会贯通，极大丰富了洪拳的内涵，使其经久不衰。洪拳现已发展成为一个较为系统全面的优秀拳种，门徒众多，遍及全国各地。菏泽洪拳于2008年被山东省政府批准为省级非物质文化遗产，普及全市各县区。洪拳不但注重武技的传承，同时也非常注重武德的传承，先师们为规范洪拳弟子的行为特制定了十大规则、五条习武须知等，因此弟子中违法违规者少之又少。在技法的传承上，洪拳以基本功扎实而著称，其特点是根稳力厚，快速迅猛，舒展大方，刚劲有力，朴实无华，刚柔相济，以刚为主，阴阳相间，连贯多变，以意领气，以气催力，三节相随，四梢相齐，五行相印，内外合一，由慢到快，由快到精。

　　菏泽市洪拳协会自选举换届后的十多年来，在原来的基础上发展势头更好。协会采取走出去、请进来的方式加强区域间交流，相互学习，共同进步。协会连续成功举办了七届海峡两岸中华传统武术文化交流大赛，并组织参加了近十次国内外大型武术比赛，促进了菏泽市洪拳事业的发展。各类武术学校及各种武术培训班如雨后春笋，层出不穷，茁壮成长，造就了众多的武术英才,国内国际武术方面的冠军常态化涌现,使菏泽市武术事业的发展走在了全国前列。

《中国洪拳》一书出版的目的是弘扬和传承洪拳文化,旨在留技于后世,供众多的同门及武术爱好者研习、鉴赏和参考。菏泽市洪拳协会主席赵效合、党支部书记陈勇为此书的出版付出了大量心血。他们不辞劳苦,带领有关人员奔赴省内外,走访多处洪拳传承地,与二十多位老拳师进行座谈交流,取得了他们的支持,并掌握了大量的第一手资料,为出版本书奠定了坚实的基础。

《中国洪拳》一书的主要内容:一是大洪拳历史源流;二是大洪拳各区域支派;三是菏泽市洪拳协会近年部分活动照片及荣誉;四是大洪拳基本拳理;五是大洪拳基本功法、基础套路、实战技法和穴位;六是大洪拳部分功夫;七是大洪拳各区域名人录。由于多种因素,本书只是介绍了洪拳部分基础知识及部分技法,无法涵盖更多洪拳的内容。菏泽市洪拳协会将陆续出版介绍有关洪拳内容的图书。

最后,对长期以来关心和支持洪拳发展和《中国洪拳》一书出版的各位领导、友人和同仁们表示衷心的感谢。

由于编委们水平有限,难免出现不妥之处,恳请广大读者和武林同仁给予指正。

卞好政
2021 年 2 月

名人题词

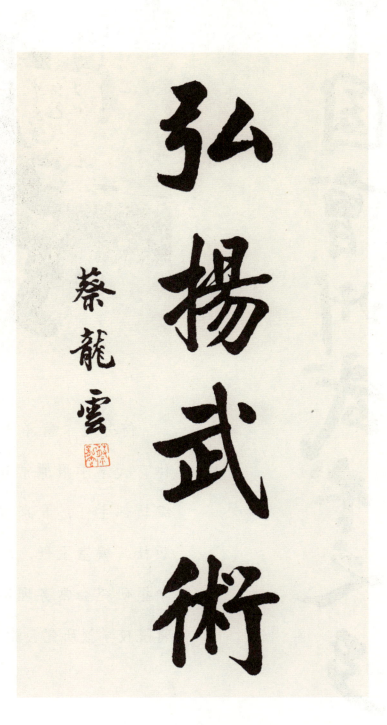

何芳桂，菏泽市人，北京体育大学学报原常务副主编、编辑部主任，北京体育大学出版社二编室主任，北京市高校学报研究会常务理事，全国体育院校学报研究会副理事长。

传承洪拳文化
弘扬民族精神

陈超

陈超，北京体育大学教授，3次蝉联"中华武状元"称号，武状元文化传播、武状元功夫馆创始人，武状元功夫联盟总召集人，华夏武状元青武赛发起人、组织者，曾连续6年获全国武术散打擂台赛冠军，2次荣获"中华人民共和国体育运动奖章"，培养学生黄磊、张开印等世界冠军15人次，全国冠军50多人次，曾出访或执教于美国、意大利、西班牙、秘鲁、印度尼西亚、塞尼加尔、马达加斯加、韩国、越南、俄罗斯、泰国、斯里兰卡、罗马尼亚、法国等二十余国，为推广和传播中华武术做出了突出贡献。

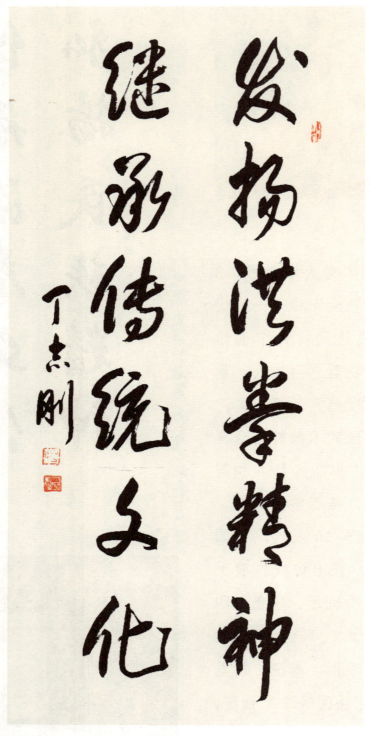

菏泽市人大常委会副主任、党组副书记，
菏泽市总工会主席丁志刚题词

柏青，1945年生于辽宁省鞍山海城。因高中寄宿京西翠微山法海禅寺3年，效翠微松柏，名柏青，号苦行僧。自幼酷爱艺术，"不喜烟酒茶，寄心诗书画"，自学博艺，海纳百川，苦研思变；我行我素，不入教、不结社、不崇洋、不媚外，积极向上，无地不乐，不人云亦云，阿谀奉承；艺求其道，术求其绝，研人不研，坚定走自己的路，以不戒、不俗、不隐、不避的风骨直面人生。不僧不俗心已空，亦僧亦俗任人评；俗而不俗悟世道，似僧非僧吾独行。

中国武术协会会员、
北京中宣盛世国际书画院会员朱朝东题词

中国书法协会会员、原山东省
政协常委、大洪拳拳师杨宪法题词

八极拳名师吴连枝为协会主席赵效合题词

中国书法协会会员、鸳鸯门拳师耿联元为洪拳协会题词

> 祝贺《中国洪拳》一书正式出版发行
>
> # 天下武术是一家
> # 弘扬传承靠大家
>
> 国家级非物质文化遗产红拳传承人 邵智勇

国家级非物质文化遗产红拳传承代表人、
陕西红拳文化研究会会长邵智勇题词

目 录

第一章 大洪拳历史源流 ... 1
历代祖师简介 ... 2
大洪拳泰斗朱公（讳）永康老师纪念碑 ... 15
大洪拳历史渊源 ... 16
长江以北"红拳""洪拳"同根、同源 ... 19
清光绪五年吾拳在河北清丰西二十里孟焦府村修谱 ... 28
清丰县孟焦府村二修拳谱 ... 29
曹州府二修大洪拳拳谱序 ... 31

第二章 大洪拳各区域支派 ... 43
菏泽市洪拳协会简介 ... 44
掌洪拳简介 ... 52
炮拳简介 ... 54
大洪拳、掌洪拳、炮拳三门之间的历史关系 ... 56
宋江武术学校简介（大洪拳）... 57
江苏省丰县三晃膀大洪拳简介 ... 60
济宁市大洪拳简介 ... 62
河南省许昌市洪拳简介 ... 64
郓城县西关大洪拳简介 ... 65
定陶区洪拳协会简介 ... 68
二郎拳简介 ... 72
鄄城县二洪拳简介 ... 76

第三章 菏泽市洪拳协会近年部分活动照片及荣誉 ... 78

宋江武校部分活动照片 79
　　菏泽市洪拳协会部分活动照片及荣誉 85

第四章 大洪拳基本拳理 124

　　大洪拳宗旨 125
　　大洪拳十大规则 125
　　习武须知 125
　　拳法历史与真传 127
　　大洪拳的风格特点 132
　　训练方法 134
　　大洪拳十二起势法与落势法 135
　　大洪拳二十四法 138
　　明三节、齐四梢 139
　　五行在武术中的应用 141
　　手眼身法步（外五行）在拳术中的体现和应用 143
　　精神气力功（内五行）在拳术中的体现和应用 145
　　六合练身法 146
　　八大身法的灵活运用 146
　　常用步法 148
　　洪拳练气运使 149
　　洪拳练气 149
　　练成二十四字法 151
　　打、顾、进、闪、浅言 153
　　大洪拳手、足、步、眼、身法歌诀 154
　　大洪拳赞歌 155
　　大洪拳实战要诀 156
　　大洪拳歌 156

内外八段 157

　人身八手打法要诀 157

　八打法 158

　部分常用兵器的用法 159

　大洪拳实战五疾 160

第五章 大洪拳基本功法、基础套路、实战技法和穴位 161

　基本手形 162

　基本步形和腿法 163

　大洪拳基础套路——五花炮 168

　五花炮实战演练 196

　将军刀口诀 204

　将军刀套路演练 205

　大洪拳擒拿七十二法（部分） 218

　大洪拳拿法七十二手（部分） 237

　大洪拳拿法七十二手歌诀 241

　大洪拳一百单八手（部分） 243

　洪拳二十四势图 267

　洪拳一百零八穴位 273

第六章 大洪拳部分功夫 282

　大洪拳功夫汇总 283

　百日功 290

第七章 大洪拳各区域名人录 295

　抗日名将、大洪拳名家赵登禹 296

　黄广勋先师 300

　郓城县宋江武校校长樊庆斌 302

　当代大洪拳名家刘国庆 304

山东省武术院陈勇	305
江苏省武协副主席汪砚军	306
济宁市大洪拳协会秘书长邵方同	308
郓城县宋江武校及洪拳协会名人录	311
菏泽市洪拳协会名人录	317
定陶区洪拳协会名人录	356
鄄城县洪拳协会名人录	385
曹县洪拳协会名人录	405
巨野县洪拳协会名人录	410
成武县洪拳协会名人录	428
单县洪拳协会名人录	430
山东省东营市洪拳协会名人录	431
河南省洪拳协会名人录	432

第一章
大洪拳历史源流

历代祖师简介

鸿钧老祖

鸿钧老祖是中国远古混沌初开时的神，移山造海，呼风唤雨，法力无穷，是中国神道的宗师。

传说道教起源于鸿钧老祖，元始天尊、太上老君、通天教主都是鸿钧老祖的弟子，有鸿钧一道传三友之说。道教中的阐教、截教同出一门，都是鸿钧老祖所传，中国的神仙都是鸿钧老祖的门下，佛教的前身西方教与鸿钧老祖也有师承之缘。文殊、普贤、慈航、观音是元始天尊的弟子，后又皈依佛门成了佛教的至尊，自此佛道两教走向了融合，其根基都源于鸿钧老祖。

相传中国的技击之术、气功都是鸿钧老祖所创。自从盘古开天地，三皇五帝到如今，技击之术、气功等在民间广泛流传，影响颇大，归根求源都出于鸿钧老祖的门下，所以历代武术界尊鸿钧老祖为鼻祖。

孙武子祖师

孙武子就是孙武，也称孙子，字长卿，出生于春秋末期，著名军事家，齐国乐安（今山东惠民）人。孙武子是齐国贵族田书的后裔，因伐莒有功，齐景公赐姓孙，食邑乐安。由于战乱孙武子从齐国投寓吴国，经伍子胥推荐，以兵法十三篇谒见吴王阖闾，受到重用，并任命为将军，同伍子胥协助吴王实行改革。孙武子率吴军攻破楚国，并打过多次胜仗，为吴国称霸诸侯起到重要作用。孙武子著有《孙子兵法》。他认为，"兵者国之大事。"《计篇》提出"知己知彼百战不殆"；《谋攻篇》注重了解情况，全面分析敌我、众寡、强弱、虚实、攻守、进退以克敌制胜，还提出"兵无常势，水无常形，能因敌变化而取胜谓之神"；《虚实篇》强调了战略战术上的奇正相生和灵活运用。

孙武子祖师后来根据军事斗争的实践，初创四大名拳：一是十名趋罗汉拳；二是六趋韦陀拳；三是七十趋孙膑拳；四是一百零八趋大圣拳。

达摩祖师

达摩（菩提达摩的简称），本名菩萨多罗，南天竺人（或云波斯人），属婆罗门，刹帝利种姓，香至王第三子。达摩自幼出家，拜释迦牟尼的大弟子迦叶的后裔般若多罗为师，学习大乘佛教，为南印度二十八代僧人。学成后，师嘱曰："佛法无边，教化普以大千，子应去震旦（中国）。"527年（北魏孝明帝孝昌三年）秋，达摩在广州登陆，寓居光孝寺，刺史表闻，武帝遣使迎至金陵，与语不契，遂去梁，折芦一根，渡江北去魏境，寻止雒邑。初到少林寺，定居嵩山五乳峰下半山腰一个山洞里，面壁静坐九载，开创了中国佛教禅宗。他将衣钵传给了慧可，使佛教禅宗在中国传流至今。

达摩自创易筋经、达摩杖，传授于少林寺僧人，习练之后，僧人精神大振，体魄强健。在他的倡导下，少林寺僧人练武健身蔚然成风，从此开辟了少林寺僧人练武之先河，少林武术也因之日渐昌盛，继而名扬天下。所以凡是与少林寺有渊源的拳种，也尊崇达摩老祖。

宋太祖祖师

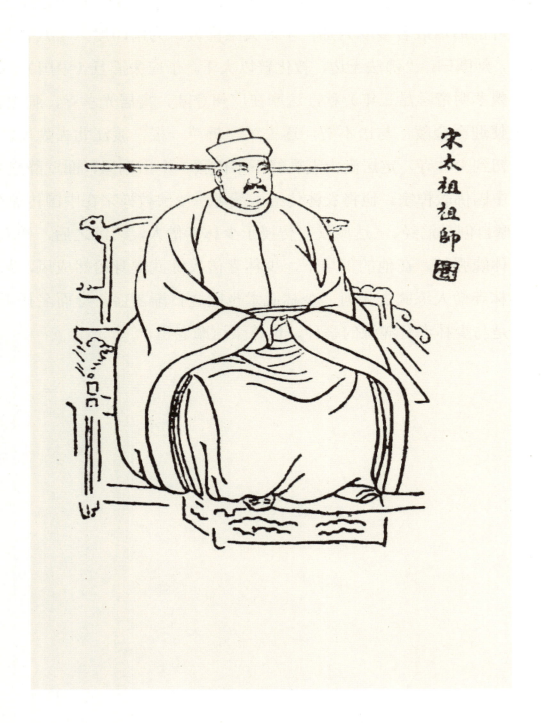

宋太祖赵匡胤（927—976年），宋王朝的建立者，960—976年在位，涿郡（今河北涿州市）人。太祖体颀而伟，虎背熊腰，髭髯如戟，赤面圆目。太祖出身于武术世家，其父赵宏殷，是武术大家，曾是三朝京都护卫大都督。在家传的基础上，太祖少年又学艺于少林，武术精强，达专精独造之域、超神入化之功。太祖在位期间，常调诸州名将轮驻少林寺，一来授艺于僧，二来取僧之长，名将高怀德、郑恩等都几次掺武于少室。

宋太祖博采众长，创造性地在极大程度上丰富了大洪（红）拳的内容，对大洪拳的传承和发展起到了引领和推动作用，被后人称为洪拳之祖师。

孔昭武祖师

孔昭武祖师，河南省清丰县李沙窝村人，活动于清嘉庆年间。记载曰："清丰孔大侠乃清之武林泰斗，黄河两岸莫于伦比，有指点砖开、拳击石裂之奇功，执梃以敌万夫，横枪而扫千军之神威。"堪称武功盖世。众多高手不断拜访他，磋商技艺，很多名手甘愿拜于他的名下，孔师名噪一时。孔师嗜武成癖，不以名利所累，独门居家，专习武术，集百家之长于一身；虚心好学，潜心实练，日积月累，练成多项绝技，十八般武艺样样精通；又善吐纳术，熟练大周天，纳气于丹田，身如铁石，棒石击之，梆梆有声；更善技击、擒拿、卸骨，以点穴为最精，练就一指金刚功和点石功绝技，指点、拳点、膝点、肘点，用之无不得心应手，与很多高手较技，都无不叹服。当时在黄河两岸，"孔大侠"闻名遐迩。

孔师意欲深造，欲达技艺巅峰，带艺进少林传授洪拳技艺。后拜少林高僧真诚大师为师，习练少林拳法，历时八年，深得少林武学精髓。他把原学洪拳技法和少林拳法有机地融合为一体，技艺更精，流传至今的"少林罗汉大洪拳"也由此而生。

任恒泰祖师

任恒泰祖师，河南省清丰县西二十里孟焦夫村人，生于清道光至咸丰年间（1835年前后）。自幼酷爱武术，幼时拜武林泰斗孔昭武为师，习练大洪拳，聪慧加勤奋，并得师真传，艺达同门之首。他行走如飞，拳脚似箭，指点石开，十八般兵器样样纯熟精通，且德艺双馨，名震黄河两岸。为求技艺精益求精，他又随师遍游大江南北，遍访各地武林高手，两入少林寺学习，取百家之长，精本拳技艺，闻其名拜师求技者众多。

1883年他受开州濮阳协镇张军门聘请，授四品军公、武术教官等职。

1904年南渡黄河，到曹州（今菏泽）西北十八里朱楼村走访武术名家。任恒泰与朱永康师兄二人共研武艺，同收朱凤君、朱效章、李凤吟等为徒。朱任二公，共传武技，使大洪拳深深扎根于菏泽，并开花结果，逐渐辐射到周边省市，门徒众多。

河北省清丰县十二里李沙窝村孔老师夫名誉碑

尝思文有孔孟之书，武有孙武之略，而孙武兵策战书亦不外拳棒干戈，一切杂技斗艺之用。昔吾安邦夫子孔公（讳）昭武，颇有得道于孙武遗训，故能指点砖开拳击石裂，执梃以敌万夫，横枪而扫千军，如无穷通有命，未遇荐扬，此不得志，而斯道之传，始教于孟焦府村，次生枝于内邑东南王李二小旺村，继展布于清邑西南一带六七村庄，后遂大兴，开州协合，练武军营，及开州城北与东南，总计学习斯道之传足有数百余人，捐岱资财，同树路碑，概列居处，姓名于背面，永志一本同枝焉耳。

　　任家修顿首拜选
　　庠生王召棠沐手书月
　　门生张明堂、任恒敬、张仲友、任恒兴、孟庆昌、任恒泰理事监刻
　　石工魏俊生刘玉春
　　光绪十八年岁次壬辰桐月谷旦

大洪拳泰斗朱公（讳）永康老师纪念碑

　　吾大洪拳先祖李公（讳）先明立世以来已有数百余年矣，绵延有序，后裔繁昌，同宗共师，正本清源，英才辈出。十世先师，朱公（讳）永康出身洪拳世家，自幼聪颖，酷爱武术，苦练盘功，尽得真传，年逾弱冠，臂力过人。严守师训，盘法势理，苦心研练，兢兢业业，酷暑严寒，始终如一。十八般兵器样样精通，承前启后，尽得李公先明等历代先师之绝技。技术一变，融旧铸新，内外交练，遂成大洪拳之神妙绝技，功不可灭也。朱公永康武德兼备，闻名乡里，受业门生三百余人，遍及鲁、苏、豫、皖、晋、冀黄河两岸。先师授徒有方，爱徒如子，诲人不倦，功德无量，特修碑纪念，启迪后人，青史流名。

　　刘志文顿首拜选

　　王明堂沐手书旦

　　门生朱凤君、朱效章、李凤吟理事监刻

　　铁笔魏俊生

　　清光绪二十年花月

大洪拳历史渊源

中华武术源远流长，博大精深。它是华夏先民在军事战争和其他社会活动中，长期积累和发展形成的一项宝贵技艺，千百年来在中华文化的熏陶和哺育下，逐步形成了诸派百家。我洪拳一脉，即是中华武林中的森森秀木，它与中华武术古老的历史渊源密不可分，一脉相承，发展至今，已形成了特点鲜明、内涵丰厚、理论充实、传承有序、广为流传的优秀拳种。

据洪拳历代先师口传，更有各时期洪拳拳谱记载，鸿均老祖按阴阳辨证之理、万物运动之势，开辟人间养生练体之先端，继而衍生出进退起落之道、自卫攻防之术。至此武术之萌芽初现也。后世称武技谓鸿拳，是由鸿均老祖而来也。后有孙武子师祖集兵家之大成，将武术实用于战争，以至于武术得以盛传于世也。

至隋末唐初之期，有开国功臣李绩之后人，李洪先师（菏泽西北十八里朱楼李庄村人），武艺高强，奉圣命征战，为国捐躯，战死离孤淤泥荒河（今菏泽市牡丹区吴店镇朱楼李庄旁马河），为纪念李洪，众弟子及乡亲们在淤泥河旁建庙，取名"洪庙"。当时乡里乡亲得其武艺者甚多，从此代代相传，后人遂称此拳为洪拳。

到了五代十国末、宋朝萌发期，宋太祖赵匡胤，出身武术世家，并得其父真传，又学艺于少林寺，且博采众长，艺达炉火纯青，他创造性地丰富了大洪拳的内容，对大洪拳的传承和发展起到了极大的引领和推动作用。后人为了纪念太祖赵匡胤，又称此拳为"太祖红拳"，世上流传的鸿拳、洪拳、红拳之称谓，实为融通之中一脉相承也。

据《洪拳拳谱》记载，到了明朝天启元年（1621年），精通武术的五台山高僧灵空禅师云游到洪庙，讲经传艺。洪拳的传人——李洪的后裔，出身武术世家的李先明，从其学习黑虎拳，经十几年的潜心习练，尽得灵空禅师之真传（现还保存着灵空禅师所授《点穴法及救治》秘籍，终成为当地显赫一时、远近闻名的武林高手。李公将自己家传洪拳，与灵空禅师所传授的绝技真功融会贯通，从功法、理论、套路、技法等方面予以创新，创编和整理了一些新的武术内容，使洪拳更加丰富和完善。之后李公设馆授徒，登门拜师求技者络绎不绝，八方人士云集于门下。有后人九位，按九宫八卦之方位分为：乾宫姬秀林、坎宫郭永胜、艮宫张振邦、震宫陈来明、坤宫王九成、离宫郜黄代、巽宫邱之来、兑宫柳三连，李公后人李泰居中宫。九宫各占一方，传授武技，遍布于四方。因年代已久，加之战乱、自然灾害等，致使历史资料没有传承保留下来（现只有九宫八卦图等少部分资料得以保存），非常遗憾。到了清朝嘉庆年间，少林寺第二十四世传人（寺外九世）大洪拳传人孔昭武先师自幼苦练大洪拳，聪颖过人，颇有造诣，威名远扬。孔公意求深造，欲达技艺巅峰，带艺进少林，拜少林高僧真诚大师为师，习练少林拳法，历时八年，深得少林武学精髓。孔公把原学洪拳技法和少林拳法有机融合为一体，技艺大增，艺达炉火纯青，流传至今的《少林罗汉拳大洪拳》也由此而产生。孔公十八般武艺样样精通，又擅长吐纳术，身如铁盘，力大无穷，且武德高尚，盛名于世。河南省清丰县李沙窝村现有碑文"故能指点砖开拳击石裂，执梃以敌万夫，横枪而扫千军"。其高徒有任恒泰、张文堂、孟庆昌等人。任恒泰于1883年受开州协镇张军门聘请，任四品军公武术教官等职。1904年南渡黄河到曹州西北十八里朱楼村和同门师兄朱永康共研武艺，收朱凤君、朱效章、李凤吟等为徒。自此朱楼与孟焦府两支合为一体，开辟了菏泽大洪拳的兴盛时期。任恒泰高徒众多，另有孟焦夫村的任善增、张德才、孟凡敬、任观书等弟子，个个武艺超群。

朱凤君等诸位先师不负师望，承先师之志，继先师之技，达技艺巅峰，并培养了一大批武林精英、仁人志士，为大洪拳的传承和发展做出了较大贡献，为后人所敬仰。其弟子赵登禹勇于亮剑，抗击日寇，为国捐躯，英名长存；另有名徒张景春（范庄）、邓仰山（邓庙）、赵鸿举（何楼）、李茂松（李庄）、杜广文（杜庄）、武文进（尚庄）、蔡广化〈蔡庄）、蔡广林（蔡楼）、付学志（付堂）、朱效孔、朱效芳（朱楼）等众多武林高手。朱凤君、朱效章、李凤吟三位先师在清光绪二十年（1897年2月）联合孟焦府的师兄弟与众弟子在曹州修《大洪拳拳谱》，在此基础上1905年2月又修拳谱。从朱凤君先师同辈起，制定辈次十字，即仁、义、礼、智、信、孝、悌、忠、爱、诚；后又续十字，即兴、山、林、和、惠、福、禄、增、盛、华，对后世有序流传发挥了重要作用。先师们不但武功高强，且注重武德修养，经常教育众弟子崇尚武德。为规范众门人的行为，特制定了大洪拳十大门规（十不准），在武术界深受尊重，在社会上深受欢迎。

改革开放之后，菏泽市洪拳协会成立，在协会领导朱效芳、马守义、付克轩、陈勇、赵效合等人的精心组织和带领下，"洪拳"这个古老而优秀的拳种在菏泽大地上再一次得到广泛流传。协会领导到各村联系洪拳弟子，组织武术社，挖掘整理古老拳种，菏泽大地遍布了他们的足迹。2013年至今，协会已经连续组织了七届海峡两岸中华传统武术文化交流大赛，不仅大大增进了和台湾同胞传统武术爱好者之间的友谊，而且还带动了周边地区武术事业的蓬勃发展，各种形式的武馆、武校、武术社、习武培训班、城乡习武者，如雨后春笋，层出不穷。

菏泽大洪拳一脉传承有序，枝繁叶茂，犹如长江之水川流不息、黄河之流汹涌澎湃！回顾历史，我们骄傲自信，展望未来，我们信心倍增！

长江以北"红拳""洪拳"同根、同源

**国家级非物质文化遗产红拳传承代表人、
陕西红拳文化研究会会长　邵智勇**

一、前言

武术是中华民族的文化瑰宝，历史形成的 129 个拳种汇集成了灿烂的民族文化遗产。其中的红拳，具有独特的运动方式、技击内涵、身体修养与精神涵养，既能强身健体又极具观赏价值，给人以勇的精神、力的鼓舞和美的享受。而包含着民族精神的红拳武学文化，也是中华文化重要的组成部分。我们要把中华民族的国粹武术推向世界，提升我们的文化软实力，谱写独具一格、博大精广、智慧浩瀚的文化史诗，用我们的文化去影响世界人民对中华文化的了解，为全人类身体健康福祉贡献力量。

二、红拳起源

红拳雏形起源于周秦，昌明于唐宋，盛行于明清。据《史记·张仪传》记载："秦人秦声，舞秦舞击缶弹筝，击膊拊髀（拍胳膊拍腿）。"红拳套路中击皮为鼓的"放炮""十大响"等"拍打"技术动作继承与再现了"击膊拊髀"之武舞，其张扬技艺，而且更具文化传承特色。红拳"击皮为鼓"的拍打技术，既吸收周秦武舞，又练就了抗击功力，还吸收兵源战场剑盾攻防技术，演化为"撑斩""拦斩""横斩""十字双撑斩"之法，撑斩为其母。之后的发展中，红拳大师演化八法，即撑、斩、勾、挂、缠、拦、粘、挎，以此为主形成"一拳（种）七系"（红拳、炮拳、花拳、九拳、醉拳、通背、子拳）的格局。红拳内容丰富、自成体系，形成奇正相生的行拳风格，享誉武林。其技法特点为：撑补撑斩为其母，勾挂缠粘为其能，化身闪绽为其妙，钻身贴靠、腿法凌厉、刁打巧击为其法。红拳传域甚广，有陕红、豫红、甘红、陇红、川红、滇红、晋红、鲁红、冀红、鄂红、皖红、粤红等，尤在关中最为流行。

三、红拳保留着周秦汉唐"手搏"的称谓

从历史长河中走来的红拳，有兴盛时期的繁荣。红拳中常有"手"之称谓。汉代"手搏"中的"手"是技巧的意思，《汉书·艺文志》收《手搏》六篇，记载："技巧者，习手足，便器械，积机关，以立攻守之胜者也。"据此《手搏》当属"习手足"之类，是汉代以前关于徒手搏斗技术的专门著作，也是目前所知中国最早的一部拳术古书。手搏列入兵技巧，可知搏击之术为军中所采用。戚继光著《纪效新书·拳经捷要篇》中载，"大抵拳、棍、刀、枪、钗、钯、剑、戟、弓矢、钩镰、挨牌之类，莫不先有拳法活动身手"，就是对手搏最好的注解。

关中红拳至今保留着汉唐"手搏"的称呼，如红拳中的单势技法和组合技法一直保留着古老的称谓：六合手、五花手、撑手、斩手、云手、抹手、组合排子手，打手排子、抹手排子、云手排子、四排手、八排子手、九排子手、十二排子手、二十四排子手、三十六排子手。把排子手配合步法串在一起就称为九拳，九拳在红拳中也称为母拳，很多红拳套路都是由九拳衍生的。传承中，师傅给徒弟解招称为"过手"；师兄弟之间相互喂招切磋称为"搭手"；同门之间无规则实战切磋称为"打手"，但必须点到为止不可伤人，这是检验所学的红拳技法在实战中的应用，俗称"跑拳打手"。由此可见，"手"在红拳中保留着周秦汉唐"手搏"的原意。《纪效新书·拳经捷要篇》载："既得艺，必试敌，切不可以胜负为愧为奇，当思何以胜之，何以败之，勉而久试。怯敌还是艺浅，善战必定艺精。"红拳传承一直注重打练结合的传承模式，在2010年"央视武林大会五拳种争霸赛"中，红拳最终荣获团体冠军。

四、红拳套路的形成

红拳最早形成的套路就是关中红拳三十二势,传到潼关以东河南,被称为"关东红拳",传到甘肃陇西,被称为"关西红拳"。红拳最早把单式技法、组合技法组合在一起,称为排子手(也称耍串子),配合疾步、跟步、盖步、夺步、偷步、左右迈跤步、三角步、摇橹步、大八步、小八步各种步法,再用里外云手把"串子"连接在一起,走八卦四门四角,这就是红拳套路的形成,唐宋时期称为"耍套子"。由于红拳传人身体素质有别,有高有低、有胖有瘦,习练者会把适合自己身体状况的最实用的技法编制成套子(套路),最后再给这个套路起个名字。如果某个套路编得好,得到大家认可,这个套路就会很流行,如小红拳、大红拳等。

五、太祖红拳的形成

据传五代末年,赵匡胤到华山拜访道教陈抟老祖,陈抟精通易经,看到赵匡胤面相就说:"阁下有帝王之相,咱们下一盘棋,如果你输了,你以后当了皇帝,华山归我道家。"所以传有"赵匡胤输华山""自古华山不纳粮,皇帝老子管不住"的故事。后来为纪念此事,后人就在这里建一铁亭,称为"下棋亭"。陈抟见赵匡胤雄壮英武便说:"君子输了华山乃戏尔,今观壮士英雄无比,愿目观君武艺本领与拳功,请勿推辞。"赵匡胤施礼说:"请先生多多指教。"赵匡胤说完便演练了少时少林和尚传授的一路拳术。陈抟观后,只是点头微笑。赵匡胤请陈抟指教,陈抟说:"君武功勇猛刚烈,技能非凡;可惜并非上乘之功,如遇高手难以化力制敌,君要知,刚柔相济,内外相合,才是上乘的拳脚功夫。"接着陈抟脱去外袍,演练了一遍他当年流落华山时一位老樵夫(唐代隐居的一位老将军)所教的关中红拳三十二势,他在长期练功体会中又赋予了该拳术不少新技巧与内功。赵匡胤观后佩服不已,恳求陈抟传授此拳,陈抟答应了,并约定每日晨在东峰之巅传授。每天太阳未出,赵匡胤登上东峰跟陈抟习拳。赵匡胤悉心习练,终于掌握了此拳。后来赵匡胤就把所学的"关中红拳三十二势"用来训练士兵。在赵匡胤登基做皇帝后，跟他学过"关中红拳"的士兵，把红拳称为"宋太祖红拳"，以后又称为"太祖拳"。在封建社会皇帝命名了红拳，从此历代红拳传人再没有人敢用自己姓氏命名红拳了。太祖拳由于赵匡胤因而传域最广，红拳在北宋已成为军旅流派的主要拳种，北宋陕西潼关铁胳膊大侠周侗就是一位关中红拳高手。

六、红拳传入少林寺

红拳在宋末元初传入少林寺。据《少林拳谱》手抄本记载，宋末元初少林寺的方丈福居大和尚佛、武、医、文皆通，为了中兴少林武功，邀请十八家高手，汇集少室山，授艺于僧，"则各演其技，择优互学，取长补短"。还选派僧人还俗到民间拜访名师，《少林拳谱》载："元木觉远上人访白玉峰、李叟于陕西宝鸡、兰州，习大小红拳擒拿术，后白玉峰、李叟随觉远入少林寺传授大小红拳、棍术、擒拿等。"当时少林寺所收集的拳术套路达170余种，这也可以证明少林武术的一大部分来自民间。

七、红拳被用于训练士兵

《纪效新书·拳经捷要篇》载："拳法似无预于大战之技，然活动手足，惯勤肢体，此为初学入艺之门也。故存于后，以备一家。学拳要身法活便，手法便利，脚法轻固，进退得宜。腿可飞腾，而其妙也；颠起倒插，而其猛也；披劈横拳，而其快也；活捉朝天，而其柔也。知当斜闪。故择其拳之善者三十二势。"

明代红拳作为兵源文化——训练士兵的军事科目，广泛流传，对近代武术套路的发展产生了深远的影响，衍生了很多拳种，都与关中红拳有着千丝万缕的关系。明代爱国将领戚继光把"太祖长拳三十二势"作为训练士兵的必修科目；中华书局出版的《纪效新书·拳经捷要篇》注解：三十二势长拳又名红拳、太祖拳。三十二势长拳拳谱中的"懒扎衣"就是红拳的起势"裙拦势"。红拳技法特征的揭、抹、捅、斩、撑、补等也是"宋太祖三十二势长拳"中的主要技法，因为红拳技法中的"撑斩""拦斩"

来源于器械技法，"拧腰摆胯"发出合力，因此"宋太祖三十二势长拳"在宋、明、清时被用来训练士兵。《纪效新书·拳经捷要篇》中的"我前撑""滚船劈靠抹""鬼蹴脚抢人先着，补前扫转上红拳，背弓颠补劈揭起，穿心肘靠妙难传"，就是目前小红拳中的一个组合。"回步颠短红拳""雀地龙下盘腿法，前揭起后进红拳"，这里说的红拳，就是攻击对方面部，或用掌、或用拳打击对方满脸血，也就是红拳说的"出手一点红"。现存红拳拳谱也是以"撑补为母"，撑补的关系就是攻与防的关系，撑为防守，补为进攻，可以上补一拳，也可以下补一腿。《纪效新书·拳经捷要篇》多处提到红拳，可见红拳在当时的影响之深。拳经中"披红""推红"都是红拳至今还在沿用的招法。清代著名的长拳四大拳种（查、花、炮、红）中的炮拳和红拳都在红拳体系中，《清稗类钞·技勇类》中有"大小红拳、关西拳"的称谓，民间流传着"东枪西棍关中拳""东查、西红"的美誉。

八、"洪拳"名称与"洪门"有关

明代以前只有"红拳"无"洪拳"。由于清兵入关建立清朝，明朝旧臣与郑成功为了反清复明，建立了反清秘密组织"洪门"，取明代开国皇帝朱元璋建都年号"洪武"作为"洪门"组织的名称。后由洪门衍生了下属堂会，有白莲教、天地会、致公堂、四川的哥老会、陕西的哥老会等，这些组织以"反清复汉"为宗旨，孙中山为了推翻清政府也参加了洪门。洪门以习武为帮会的主要内容并以此联络同道，洪门中的很多习武人会将自己学的其他拳种都称为"洪门洪拳"。根据不同地区所习练的拳种不同，拳法流派繁多，虽有百川一源，直传、再传之议，亦具同化旁出新生崛起之别。明清记载有"红"无"洪"，"红"在"洪"前自不待言，洪拳乃后生拳种。《国技略论》载，"以红拳亦洪拳"。据南方洪拳的起源介绍，"其起源有三种说法：一种说法是洪拳是清代南方民间秘密结社三合会（洪门）假托少林寺所传习的一种拳术；另一种说法是洪拳由元、明间陕西地方拳术红拳加上其他拳术演变而来，已有300多年的历史；还有一种说法是清康熙年间由南少林俗家弟子洪熙官始创。"南方洪拳与北方红拳（洪拳）有很大的区别：北方红拳大开大合，起伏分明，出拳探膀远击，腿法多变；南方洪拳则由于南方水路多，为了适应在船上格斗的需要，演变为多手法，贴身短打，少腿法，注重马步桩功。

九、清代红拳得到了迅猛发展

道光咸丰年间，陕西红拳不断吸取其他拳种的实战招式，使红拳发展到一个鼎盛时期。其代表人物是"关中四杰"：鹞子高三（高占魁）、黑虎刑三（邢福科）、饿虎苏三（苏海潮）、通背李四（李思）。他们对陕西红拳近代传承、发展做出了很大的贡献。《国技论略》载："自道咸以来，南方以技击术声于大江南北者，有三人，其一为李镜源，又号长须李，湖北省之夏口人，从陕西于商高某（鹞子高三、高占魁）学技，年余大进……"据史料考证，中国清末最后一个武状元张三甲就是红拳习练者，师从河南清丰普马寨红拳名师安万杰。

十、红拳在民国时期被边缘化

土生土长三秦大地的红拳，是目前我国传统武术拳种中保留最为完善的原汁原味的拳种。从唐代以后文化东迁南移，关中人以皇家思想自居；尤其是在民国时期因西北战事不断，冯玉祥带领西北军反蒋介石，1930年还与蒋介石打中原大战，所以民国时期陕西红拳传人从未参加过当时南京国术馆的全国国术统考，1937年年初陕西省才成立了国术馆。查阅南京国术馆举办的国术比赛，陕西红拳传人也很少参加。翻阅民国时期武术资料，里面也很少谈及红拳，只有河南开封的刘玉华在1935年参加国术比赛时表演的套路是大红拳。刘玉华1936年代表中国参加了1936年在德国柏林举办的第11届奥运会，同时被选入的队员还有西安的金丽贵（别名：金石生）。金丽贵1907年生，10岁时拜西安皇城八旗武术教官管世生为师专攻红拳，擅长红拳炮锤，1932年考入位于开封的河南省国术馆第二期学员训练班深造。因其武学根基非同一般，明显高出同学一筹，便引起副馆长刘丕显的关注，刘丕显要看金丽贵功底，金丽贵为刘丕显演练了一套陕西红拳炮锤，三步鸡上架、饿马盼槽腿、挖腿，演练得势到劲圆。刘丕显见金丽贵腿功扎实、力道劲浑，便收金丽贵为徒传授自创的少摩拳。除此之外，陕西红拳几乎再无人参加国术赛事，因而红拳也未受到南京国术馆提出的国术统一、规范的影响，保留了原汁原味的红拳体系，被称为传统武术"活化石"。

十一、红拳的技法特征和表现形式

常见的套路起势"十字手"，红拳也称之为"海底捞月鹰鸽架"，保留着皇帝祭祀的礼仪，皇帝祭祀敬天、敬地，祈祷风调雨顺、五谷丰登，红拳起势意为"敬天、敬地、敬朋友"，说明红拳保留了古代武术的武礼。其势正行美，繁华藻丽，偏身远击，势雀筋柔，闪展腾挪，刁打巧击。拳势有直闯硬进、强攻中路之势，侧身换膀，偏闪巧击，尚脆快而兼长柔。红拳炮锤套路中的"揭抹捅斩，直冲直进，猛攻硬上"，犹如"斧头破硬柴"，具有排山倒海的气势。这些特点看似反差极大的红拳套路风格，都贯穿着红拳八法：撑、斩、勾、挂、缠、拦、粘、挎。传统红拳套路演练时出场要走"门子"（也称三晃膀老三步），演练者要拧腰摆胯，走出龙形虎爪步。

十二、目前保留的红拳套路

目前保留的红拳套路有大红拳、小红拳、二路红拳、三路红拳、太祖红拳、中红拳、太宗红拳、太子红、老红拳、粉红拳、关中红拳、花红拳、长小红拳、月明红拳、关东红拳、关西红拳、三合门子、侠拳、十字大提拳、八步拳、六架势、六趟拳、鹞子入林拳、鹞步拳、四门锤、霸王锤、七星锤、炮锤、四把锤、鹰爪锤、虎翻身、龙虎炮、翻拳、通背、三合亭子、九翻拳、陕西梅花拳、大梨花拳、五花拳、九拳、铁靠子九拳、通背九拳、虎翻身、燕青掌、九门锤、金刚拳、黑虎拳、花打四门、启拳、四究拳、子拳（猴拳）、醉八仙拳、醉打山门等。

十三、如何辨别一个拳种

笔者认为，看一个拳种不要看这个拳种叫什么名字，主要看这个拳种突出的技法特征。比如太极拳的技法特征有掤、捋、挤、按、采、挒、肘、靠，其特点是"以柔克刚，以静待动，以圆化直，以小胜大，以弱胜强"。形意拳的技法特征有劈、钻、崩、炮、横，以及效仿十二种动物动作特征的十二形。红拳体系包括盘、法、势、理四个方面内容，突出技法特征为八字八法，即撑、斩、勾、挂、缠、拦、粘、挎，实战运用理念为十六字诀：撑斩为母，勾挂为能，化身为奇，刁打为法。

十四、山东"洪拳"与"红拳"同根、同源

笔者认为，山东地区的红拳（洪拳）与关中红拳同源。故宫博物院藏《军机处录副奏折·农民运动》载，清中叶后"民间教门中传习红拳者颇多。例如，乾隆时常子敬、李之贵，嘉庆时张景文、张洛焦，道光时张真、阚梦祥，光绪时阎书勤等"。《中国武术史》载："清代故宫军机处档案记载：乾隆年间，由陕西周至楼观台道人张阳真应山西平遥人师来明之邀，至山西平遥传授红拳，后又至山东聊城传授红拳。据山东城武县张景文述其传承云，伊父及祖父素习红拳。山东冠县人张洛焦述其传承，其叔张普光学自山西平遥人师来明，师氏于乾隆二十八年（1763年）在陕西周至拜张阳真为师，学得红拳大小红拳、六架势，这与红拳出自陕西关中吻合。"杭州大学民族体育博士周伟良在对山东梅花拳和红拳考察后说，长江以北现在称的"洪拳"在150年前都是红拳。尤其是山东洪拳的双人徒手对练，从出场双方走的门子和对练的形式，与红拳的八法对练和十路短打对练无任何不同。

十五、"红拳"与"洪拳"表演形式的区别

笔者认为，目前陕西、四川、重庆、甘肃、宁夏、山西、河南等地区红拳传人演练的红拳套路与陕西地区的区别不大，几乎保留着相同的风格。红拳套路保留着古老的展示秦人气势的"击膊拊髀"，红拳套路中称为"击皮为鼓""放炮十三响""十大响",也称"十面埋伏",就是把实战技法隐喻起来。演练者"击皮为鼓"彰显气势,比如"十大响、十面埋伏"实战演练去掉这些拍击动作,就是一组杀伤力很强的实战技法组合(红拳称串子和排子手)。红拳实战讲究"手上的串子,脚下的绊子",观看山东地区的"洪拳",在技法特征上基本与红拳相同,洪拳套路演练中很多拍打被取掉了,动作更接近于实战。比如在红拳套路演练中的拦斩,先用左手迎拦对方,当右拳斩下时,左掌心会迎击右小臂拍响;洪拳做这个技法时,就不会去迎击,实质上技法特点相同。

十六、吸取、创新、发展、包容

《纪效新书·拳经捷要篇》载:"古今拳家,宋太祖有三十二势长拳,又有六步拳、猴拳、化拳,名势各有所称,而实大同小异。"就是说各类拳种的技法大同小异,区别在于某些技法运用的突出形态。任何拳种在发展过程中都会受地域的影响,也在不断地吸取其他拳种的精华,不断地创新发展中。清末红拳一代宗师鹞子高三当年就走访山东拜师访友,并在山东学了一套"少林八谱拳",陕西流传"鹞子高三山东腿,陕西刁打走的诡"。最后,笔者用在陕西目前流行的红拳套路"少林八谱"的拳谱作为结束语:"少林八谱出山东,此拳练的两腿功,十字腿八面威风,罗汉腿就地打躬,魁星势回头观望,反背金刚显奇能。"以上是笔者个人见解,不到之处敬请给予斧正。

清光绪五年吾拳在河北清丰西二十里孟焦府村修谱

  窃闻序谱曰：吾中华拳术，继往开来，木本水源，因有健身强体之义，历代延传，从无间歇，在昔祖师留传之下，井井有条，序而不乱，迄今已有一千三百余年矣。中经改朝换代，社会变迁，天灾人祸，流匪袭扰，各派体系，流离奔迁，失散不一，如不即时纂辑整理，散失紊乱，何以承同宗共祖之大业乎。今以河北省清丰县（今为河南省清丰县）城西二十里孟焦府村，任恒泰、孟庆昌、孟庆诗、张文堂诸位老师追溯。

  先师创业艰难之苦，共议谱事。先把河南、河北、山东一带串连整理，协同编辑我术分派支系，以继承先师苦心经营之业绩，后继有人，以免国宝武术之散失也，炎黄华胄，志宏尤高，縻而无愧，希共勉之！

大洪拳武术居士张文堂、沐手敬题
清光绪五年一月

清丰县孟焦府村二修拳谱

武术一端由来久矣，推源其始创自鸿钧老祖也。老祖知武术一事，为后进所必须，于是推求天演物数生克之理。本乎进退起落之道，创作武术以传其法，春秋之际到孙武子祖，后分出四大名拳。第一、十名趋罗汉拳；第二、六趋韦驼拳；第三、七十趋孙膑拳；第四、一百零八趋大圣拳；其后先明老祖之道，取前朝技之精华，历经艰苦研练，授以后人兵法，抢刀之理，融旧铸新吾拳。

今吾同人所习之洪拳，厥后先师之法，愈传愈广，学法之人更不易数，就其功学艺最精，得术最著者，惟有宋之太祖，巧打武术精强，古今无双，自此以后，一朝一代类皆郑重武术。及至前清未叶，海禁大开，火炮昌炽，无识之徒即轻视武术。幸而清丰县西十二里李沙窝村，有孔老先师（讳）昭武者，精练武术，外习实用拳脚，内练真功，将其一生所得武术，悉传于清丰县二十里孟焦府村，孟老师夫（讳）庆昌、任老师夫（讳）恒泰、张老师夫（讳）文堂。此三位老师，皆恪守师训，兢兢业业，百折不回，练习既有苦功，艺术自然高强。于是开州协镇张军门，特派长官拜请三位老师为武术教练。自是以后，东郭寨村（仁字辈）程云青、李沙窝孔庆海、王什村雷兆祥、张拐村张全信、田辛庄村田喜岁、濮阳城内李进奎、梅玉廷、郭天元、吴心建、李德元等，以及山东、河南热心武术之人，不下数千百人，争先授业于门下。三位老师今虽故矣，而三位老师武术之奥妙，仍昭昭在人耳目，难以忘怀。现在门徒众多，辈次紊乱，复经张拐村张师夫，孟焦府村张师夫、孟师夫巡回各场赐教，不吝绝技，训诲有方，使吾拳门兴旺发达，更拟十字辈以公上下，诚可善述人之善继人志也。

今将辈次开列字辈： 仁义礼智信、孝弟忠爱诚。

后续十字：兴山林和会、福禄增胜华。

民国二十年夏历

曹州府二修大洪拳拳谱序

  盖闻拳有谱尤国有史也，国无史则善恶混，拳无谱则宗系紊乱，此所谓修谱之义应趋急而莫辍也。我大洪拳自唐宋元明绵延以来，已有一千四百余年，遍及黄河两岸，山东、河南、河北各省县后裔纷繁，散居各地，多不胜数，若不联为宗祖师徒，代远年湮，虽一脉之承，亦有睹面而不识者也。先人言念及此，无不嘘惜，急为修葺。一修于光绪五年，由是宗祖师徒长幼有序，支派秩然，非先师之苦心经营，焉有此也。迄今又几经寒暑，先进凋谢，继起丛生，苟不接踵延续，真伪难分难以详考，无以传真。此二修拳谱之真谛也。吾奉师命，与诸师兄弟朱效章、李凤吟及徒李茂松、李守荣、付学志、李振加等人，共议续谱事。以继先师之志，习先师之法，步先师之德。以启后人，内有谱牒可稽，同宗共师，正本清源，亲疏有序，岂不善哉。

  大洪拳武术

  居士朱凤君酌叙

  清光绪二十年二月

少林寺内外辈次对照表

辈次	字	辈次	字	辈次	字	辈次	字	辈次	字	辈次	字	辈次	字
一	福	十一	周	二十一	清	三十一	德孝	四十一	心福	五十一	衷	六十一	雪
二	慧	十二	洪	二十二	静	三十二	行佛	四十二	明禄	五十二	正	六十二	庭
三	智	十三	普	二十三	真	三十三	永忠	四十三	照增	五十三	善	六十三	为
四	子	十四	广	二十四	如	三十四	延爱	四十四	幽盛	五十四	禧	六十四	导
五	觉	十五	宗	二十五	海	三十五	恒诚	四十五	深华	五十五	祥	六十五	师
六	了	十六	道	二十六	湛	三十六	妙兴	四十六	性	五十六	谨	六十六	引
七	本	十七	庆	二十七	寂文	三十七	休山	四十七	明	五十七	庆	六十七	汝
八	圆	十八	同	二十八	淳礼	三十八	常林	四十八	鉴	五十八	原	六十八	归
九	可	十九	玄	二十九	贞智	三十九	坚和	四十九	崇	五十九	济	六十九	铭
十	悟	二十	祖	三十	素信	四十	固会	五十	祥	六十	度	七十	路

仁字辈

朱凤君

字龙光，号射斗，菏泽市朱楼庄人，生于1880年，卒于1936年，享年56岁。1892年随大洪拳第十世传人朱永康、李珍学艺。1904年拜任恒泰为师习练大洪拳。

李凤吟

菏泽市李庄人，生于1881年，卒于1959年，享年78岁。自幼随大洪拳第十世传人朱永康、李珍学习大洪拳，后拜任恒泰为师学艺。

朱效章

菏泽市朱楼村人，生于1876年，卒于1959年，享年83岁。1892年随大洪拳第十世传人朱永康、李珍学习大洪拳，1904年拜任恒泰为师兼练少林拳法。

仁字辈

任观书（左）　张德才（中）　孟凡敩（右）

　　清丰县孟焦夫村大洪拳传人，同是先师任恒泰、张文堂、孟庆昌的得意弟子，民国时期著名武术家。

义字辈

赵登禹

菏泽市赵楼村人，生于1898年，卒于1937年，年仅39岁。抗日民族英雄。国民政府授公为陆军上将。11岁拜朱凤君、朱效章为师习练大洪拳。

杜广文

菏泽市杜庄村人，生于1889年，卒于1973年，享年84岁。自幼拜朱凤君、朱效章、李凤吟为师，习练大洪拳。

赵洪举

菏泽市何楼村人，生于1911年，卒于1980年，享年69岁。自幼拜朱凤君、朱效章为师。在济南打擂，荣获金奖，为菏泽大洪拳争了光。

朱效孔

菏泽市朱楼村人，生于1902年，卒于1977年，享年75岁。自幼跟随父亲朱凤君学习大洪拳，一生为大洪拳的传承做出了很大的贡献。

朱效芳

菏泽市朱楼村人，生于1917年，卒于1997年，享年80岁。自幼随父朱凤君习练大洪拳。为继承发扬武术事业呕心沥血，是一位让人尊敬、值得赞扬的名师。

蔡广化

菏泽市蔡庄人，生于1884年，卒于1964年，享年80岁。拜朱凤君为师。培养了大批人才，为中华武术事业做出了杰出贡献。

义字辈

李茂松

菏泽市三里庄人（李兴齐村），生于1891年，卒年不详。自幼酷爱武术，拜朱凤君为师，习练罗汉少林大洪拳。

武文进

菏泽市牡丹区何楼办事处前尚庄村人，生于1901年，卒于1984年，享年83岁。自幼酷爱武术，少年时拜朱凤君为师。

邓玉庚

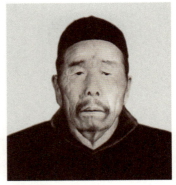

菏泽市邓庙村人，生于1890年，卒于1969年，享年79岁。自幼聪明好学，拜朱效章为师习练大洪拳，功底深厚，武德高尚。

范殿荣

菏泽市鄄城县彭楼镇东范庄村人，生于1864年，卒于1937年。中年时随朱凤君、朱效章学练少林大洪拳并兼练关东关西等拳术，为继承和发展少林洪拳做出巨大贡献。

付学志

菏泽市付堂村人，生于1905年，卒于1993年，享年88岁。1920年跟随少林俗家弟子武术大师任建增习武，1925年拜朱效章为师。

韩星全

中共党员，菏泽市黄堽镇村人，生于1899年，卒于1984年，享年85岁。自幼酷爱武术，拜掌洪拳韩万春为师，武术精湛，武德高尚。

礼字辈

张福亭

菏泽市黄张村人，生于1916年，卒于1997年，享年81岁。一生酷爱武术，青少年时期拜大洪拳掌门人杜广文、杜万兴为师，尊师重教，桃李满园。

马体林

当代武林名家，回族，菏泽市东马垓村人，生于1907年，卒于1990年，享年84岁。自幼拜李茂松为师，习练大洪拳，为大洪拳的传承做出了巨大贡献。

马思治

回族，菏泽市西马垓村人，生于1915年，卒于1994年，享年79岁。师从邓庙邓仰山，由清丰县孟焦夫村张德才、孟凡敬、任观书三位师爷亲传武艺，习练大洪拳。

范河存

菏泽市牡丹区西关人，生于1907年，卒于1994年，享年87岁。为人宽厚，勤奋好学，品德高尚，技艺精湛，为武林同道赞誉。

王正符

中专文化，书法家，菏泽市人，生于1912年，卒于1989年，享年77岁。自幼拜张景春为师，苦练大洪拳，深受各界人士的赞扬。

王玉锡

菏泽市牡丹区仓房村人，生于1895年，卒于1968年，享年73岁。自幼酷爱武术，15岁拜张景春为师学习大洪拳。

礼字辈

张秋礼

菏泽市牡丹区代庄人，生于1926年，卒于2010年，享年84岁。自幼拜洪拳掌门人杜广文为师，为大洪拳事业做出了较大的贡献。

耿福寅

菏泽市巨野县龙堌镇耿庄人，生于1904年，卒于1974年，享年71岁。1921年跟赵相坤学二郎拳，1924年跟李继元、邓花营学大洪拳和少林拳，1928年开始授徒教拳。

邓在田

菏泽市牡丹区大郭集自然村人，生于1919年，卒于2010年，享年91岁。自幼跟父亲练武，十八般武艺样样精通，为人师表，桃李满天下，称得上一代名师。

尚存基

菏泽市牡丹区何楼办事处尚店村人，生于1921年，卒于1992年，享年71岁。自幼拜洪拳大师武文进、赵洪举为师，热爱武术、刻苦钻研，深得两位师父的真传，并且受到了广大群众的赞誉。

杨学盂

菏泽市西城办事处杨店村人。自幼拜杜广文为师，习练大洪拳，勤学苦练，武技精深，传徒众多，为大洪拳的继承和发展做出了很大的贡献。

张开川

回族，菏泽市鄄城县军屯人，生于1925年，卒于1985年，享年60岁。拜清丰县孟焦夫村张泽怀为师，习练大洪拳，并得到张德才、孟凡敬、任观书三位师爷的悉心传授，武技杰出，神力超人。

礼字辈

李孔着

菏泽市李罡村人，生于1908年，卒于1981年，享年73岁。自幼拜邓元孔、邓元印为师，后学罗汉大洪拳，功底扎实，德高艺奇。

朱思昌

菏泽市朱楼村人，生于1941年，卒于2011年，享年70岁，出身武术世家。

李士瑞

菏泽市李罡村人，生于1926年，卒于2008年，享年82岁。自幼随邓元孔学大洪拳，勤学苦练，功深艺强，武德高尚。

蔡忠俊

菏泽市定陶区张湾镇蔡楼村人，生于1945年，卒于2014年，享年69岁。自幼酷爱武术，先后拜蔡广林、朱效芳为师，武功精湛，品德高尚。

刘凤明

菏泽市沙土镇陈庄人，生于1901年，卒于1976年，享年75岁。自幼拜定陶沙海村沙春金为师，义务授徒千人，武功扎实，武德高尚，是当地一代名师。

李孔明

菏泽市李罡村人，生于1907年，卒于1969年，享年62岁。自幼拜邓仰山、邓元印为师，勤学苦练，功底扎实，武德高尚。

礼字辈

张香亭

菏泽市黄张庄村人，生于1923年，卒于2002年，享年79岁。自幼拜杜广文、杜万兴为师，习练大洪拳。

赵洪臣

菏泽市牡丹区代庄村人，生于1924年，卒于2011年，享年87岁。自幼拜杜广文、杜万兴为师，勤学苦练，刻苦钻研，细心授徒，武德兼备。

朱思田

菏泽市朱楼村人，生于1933年，卒于2006年，享年73岁。出身武术世家，为继承发展武术事业做出了贡献。

陈世鑫

菏泽市牡丹区小留保庙村人，生于1919年，卒于2003年，享年84岁。自幼习武，拜武坛名师王来一为师，武德高风亮节，尊师爱徒，为发扬光大中华武术做出贡献。

智字辈

黄广勋

菏泽市郓城县郭庄乡黄岗村人，生于1922年，卒于2014年，享年93岁。少年时拜武林泰斗马体林为师，习练大洪拳，为国家和社会培养了众多武术英才。

杜守正

菏泽市鄄城县杜庄人，字子端，少林寺二十九世传人，法号贞安，曾任中华人民共和国轻工业部部长。13岁时师从杜振富、杜振鼎习练大洪拳。

陈昌茂

菏泽市鄄城东南军集村人，生于1924年，卒于2008年，享年84岁。自幼酷爱武术，拜马体林、马体化为师学习大洪拳，门徒众多，为大洪拳的传承做出了不可磨灭的贡献。

钱锡乐

菏泽市鄄城红船镇人，中共党员，离休干部。生于1919年，卒于1988年，享年69岁。抗战时期曾任菏泽第四区区长、政委等职务。自幼拜马体林为师，习练大洪拳。

张友地

菏泽市郓城县武安镇张坑村人，生于1936年，卒于2013年，享年77岁。自幼拜马体林为师，习练大洪拳。

匡凤琴

菏泽市鄄城县匡庄人，少林寺二十九世传人，法号贞智，是一代武学大师匡正义的长子。12岁时经马新田介绍拜张禄为师，习练大洪拳。

大洪拳历史源流

智字辈

孙思正

菏泽市鄄城县郑营人，生于1902年，卒于1995年，享年93岁。12岁拜洪拳二十八代传人侯汝诺为师，勤学苦练，授徒万人之多，德高望重。

王鸿渠

菏泽市鄄城县吉山后寨村人，生于1910年，卒于1995年，享年86岁。自幼拜丁公新志为师，苦练大洪拳，被县武协授"德艺双馨、一代宗师"金匾。

李清田

菏泽市李罡村人，生于1928年，卒于2002年，享年74岁。自幼随父学艺，勤学苦练，武艺超群，德高望重，为一代名师。

赵才轩

菏泽市代庄村人，生于1940年，卒于1991年。自幼拜洪拳掌门人张福亭为师，习练大洪拳。

第二章
大洪拳各区域支派

菏泽市洪拳协会简介

20世纪五六十年代，出于多种原因，传统武术曾几度处于一个衰退状态，很多武术资料、武术技法面临失传，令人担忧。80年代初，一声霹雳春雷响，党和政府高度重视传统武术的传承和发展，提出挖掘和整理传统武术，弘扬传统民族文化。全国范围内又一次掀起了一个习练武术的热潮，菏泽市洪拳协会也应运而生。德高望重的大洪拳老拳师朱效芳、马守义和付克轩等联合"掌洪拳、炮拳"等共同发起筹建"菏泽地区洪拳研究会"，其目的就是进一步挖掘、整理古老的传统拳术，使传统武术健康地发扬和传承下去。1993年9月菏泽地区洪拳研究会获得山东省民政厅、山东省体委、山东省体育总会的批准。1994年4月25日，菏泽第四届牡丹花会期间，由地委、行署组织，在菏泽西关体育场召开了成立大会，宣告菏泽地区洪拳研究会正式成立。通过研究会的积极挖掘整理和研究，逐步形成大洪拳、掌洪拳、炮洪拳、八极拳、二洪拳、小洪拳、八卦掌、形意拳、查拳、西凉掌、佛汉拳、通背拳、二郎拳、黑虎拳、秀拳，等十余个拳种。2000年，菏泽撤"地"设"市"，"菏泽地区洪拳研究会"也更名为"菏泽市洪拳协会"。菏泽市洪拳协会的成立，为我市洪拳的传承和发展、挖掘和整理、学习和交流构筑了一个非常好的平台。

菏泽市洪拳协会自成立以来，在上级体育局和武术运动协会的领导下，在协会领导班子的精心组织和带领下，加之协会全体会员的共同努力，为武术事业的传承和发展做了大量工作，取得了可喜硕果，促进了菏泽市洪拳的有序发展，并带动了其他拳种及周边武术的发展，为菏泽市全民健身，弘扬传统民族文化做出了贡献。

作为洪拳人，倍感自豪。展望未来，任重而道远。在上级党和政府及主管部门的领导下，全体协会成员信心百倍，继续努力，再创佳绩。

附：发展历程

1993年9月，菏泽地区洪拳研究会获得山东省民政厅、山东省体委、山东省体育总会批准成立。

1994年4月25日，菏泽地区洪拳研究会召开成立庆典大会，由菏泽地委、行署组织，地委副书记尹正仁主持，地委副书记路绍昌致贺词，宣告菏泽地区洪拳研究会成立。当场举办了一场大型武术表演，为菏泽牡丹花会增添光彩，在菏泽大地上掀起一场轰轰烈烈的练武高潮。

1995年4月25日，受定陶县人民政府邀请，协会在房山旅游区组织了一场盛大的武术表演，参加表演的运动员达千余名，郓城宋江武校《狗娃闹春》的全体小演员也到现场助演，场面震撼，观众数以万计，受到定陶县委县政府的高度赞扬，得到观众的好评。

1997年7月1日香港回归，协会组织郓城宋江武术学院赴港演出。

1997年7月7日纪念卢沟桥事变60周年，受北京市人民政府邀请，协会组织了大刀队赴京表演，奉献《大刀魂》，震撼京城，北京市人民政府给予高度赞扬并颁发证书。

2000年"菏泽地区洪拳研究会"更名为"菏泽市洪拳协会"，换届选举马守义为协会主席，刘副剑、邓宪瑞、付克轩、李良斌为常务副主席，付克轩为秘书长。在本届领导班子的带领和倡导下，全市及周边地区再一次掀起了习练大洪拳的热潮，曹县、巨野、鄄城、定陶、郓城、安徽萧县、河南滑县等相继成立了分会，菏泽市各县区、乡镇、办事处相继成立了武校、武馆、武术社、武术站等，并辐射苏鲁豫皖等周边省市，鼎盛时期拥有武校16所、场馆社站86处，发展会员6万余人。协会在挖掘整理武术资料、传承发展武术事业上不懈努力，为国家培养了一大批武术英才。菏泽洪拳相继申报并被批准为县、市、省级非物质文化遗产。

2003年9月，赵登禹武术学校组建了远东功夫表演团。

2004年1月1日，远东功夫表演团在北京钓鱼台国宾馆给中央领导做了汇报表演，受到人大常委会副委员长何鲁丽、民革北京市委副秘书长赵学芬、中央电视台台长高占祥、朝阳区区长李永海等高度评价和赞扬。

2004年至2006年，远东功夫表演团到世界各地表演，如美国、日本、英国、德国、泰国、法国、意大利等，为中国武术走向世界奠定了基础，让世界了解中国功夫、了解中国文化，推动了中华武术走向世界的进程。

2008年，宋江武校教练员周长勇成为北京奥运会火炬手接力（山东站）。

2010年3月，春暖花开，春意盎然，协会进行换届改选。马守义、付克轩等主动让贤，新一届领导班子年富力强，更趋年轻化、知识化、专业化，为洪拳协会的发展注入了新的活力，打下了坚实的基础。以陈勇主席、赵效合秘书长为主的新一届领导班子不计个人得失，努力工作，不负众望，为菏泽市洪拳事业的传承和发展构筑了一个坚实而又宽广的平台，使洪拳事业发展迅猛，并带动了其他拳种及周边地区的武术发展，为菏泽市武术事业的发展做出了重大贡献。

2010年4月8日全民健身节，协会在鄄城组织召开了跨区域武术运动会，有少林寺武功团和安徽淮海武校代表队参加，得到了鄄城县人民政府的好评。

2010年4月9日，协会在仓房组织召开了武术表演大会，得到了市体育局、市武术协会的好评。

2010年5月10日，协会为庆祝定陶县洪拳分会成立，在定陶县举办了武术表演赛，得到了群众的好评。

2010年8月8日，牡丹区政府组织召开了"三健杯"第二届全民健身日精品展演运动会，协会踊跃派团参加，取得了优异成绩，并获得了优秀组织奖。

2010年9月12日，市体育局、市武术运动协会举办了"传统武术"大会，协会踊跃参加，取得了优秀成绩，并荣获道德风尚奖。

2010年11月，被誉为"功夫之王"的洪门弟子袁晓超勇夺广州亚运会首枚金牌，26岁的耿晓灵（女）在广州亚运会上勇夺女子长拳金牌。

2010年11月13日，被称为"中华英雄"的洪门弟子王洪祥，在美国拉斯维加斯全球散打比赛中荣获冠军。

2010年12月12日，协会在冀鲁豫纪念馆广场举办了别开生面的武术表演。大会由市委、市政府、市人大、民政局、体育局等主要领导参加。郓城宋江武校大刀队表演的重型大刀，得到了观众的阵阵喝彩；硬气功表演，使观众赞叹不已。

2011年7月，协会组织团队参加了山东省"武协杯"传统武术锦标赛，取得了山东省总分第一名的好成绩。

2011年8月，协会有4人参加国际峨眉武术节，取得了1金、2银、3铜的成绩。

2011年11月，协会应邀参加山东省"明湖友谊杯"传统武术邀请赛，协会主席亲自领队，组织了庞大的团队，共取得金牌20枚、银牌29枚、铜牌28枚，奖牌总数第一的好成绩。

2012年6月，协会组团参加在徐州举办的全国传统武术比赛及全国农民运动会。

2012年8月19日至23日，协会在菏泽演武楼隆重举办洪拳传统武术邀请赛。

2012年，协会成为山东省武术协会会员单位。

2013年3月，协会被中国武术协会定为武术段位测评点。

2013年8月，协会成功举办第一届海峡两岸中华传统武术文化交流赛。

2014年2月25日，协会派出了精英武术队员，去定陶展演洪拳武术，受到当地民众广泛的赞誉。

2014年3月8日，协会在巨野举行大型武术表演，受到当地群众的赞誉。

2014年4月10日，曹县洪拳协会分会成立，组织近300人进行大型武术专场表演，市、县级领导到场观看。

2014年4月26日，协会组队参加台湾中华杯全球华人武术交流大赛，取得了38金、2银、1铜的好成绩，并有3人获得全能奖。

2014年6月26日，组队参加山东省"武协杯"传统武术邀请赛，获得3个一等奖、8个二等奖、4个三等奖的好成绩。

2014年8月9日，经过半年多精心筹划，协会在菏泽学院成功举办了海峡两岸中华传统武术（洪拳）文化交流大会，这次交流大会促进了海峡两岸武术爱好者之间的交流，增进了友谊，提升了菏泽武术之乡的知名度。

2014年10月4日，协会组队参加了陕西省大红拳第十一届国家级非物质遗产传统武术大赛，取得14金、20银、10铜，集体总分第一名的好成绩，代表队荣获体育道德风尚奖。

2014年10月，协会秘书长赵效合率队参加中国梁山国际传统武术邀请赛，荣获优秀组织奖、团体总分第二名、特殊贡献奖、金牌16枚、银牌18枚、铜牌4枚。

2015年3月，协会利用节假日举办各类武术展演。

2015年8月，协会组织队员在冀鲁豫革命边区纪念馆广场举办纪念抗战胜利70周年"民族魂"武术表演，为振兴民族精神、弘扬武术文化起到了良好的宣传作用。

2015年8月14日，协会成功举办了第三届海峡两岸中华传统武术文化交流大赛，参加人数达1200余人。

2015年10月，协会组织人员参加山东省武术协会举办的首届武术大会，被大会组委会授予最佳组织奖和体育道德风尚奖。

2016年至2019年每年的春节期间，为丰富群众文化生活、传承洪拳这一优秀古老拳种，协会分别在牡丹区广场、牡丹区黄堽镇、牡丹区马岭岗镇、鄄城舜王城药材市场、佃户屯等地举办了别开生面的武术大展演，每场展演场面都十分壮观，运动员几百余人，近万名群众观看，得到了广大人民群众的赞赏和好评，为洪拳的传承与发展起到了积极的宣传作用。

2016年3月，协会组队参加中国（开封）清明文化节全国五省传统武术邀请赛，获得了优秀组织奖和体育道德风尚奖。

2016年7月，协会组队参加在江苏省徐州市举办的国际武术大赛暨丝路汉风国际武术文化节，取得了很好的成绩。

2016年8月，协会成功举办第四届海峡两岸中华传统武术文化交流大赛，参赛的有台湾武术代表队、六省各武术协会组织的代表队，共84支队伍、1300多名选手。大赛以"文化、友谊、和谐、传承"为主题，相互学习、相互促进，使菏泽传统武术水平有了一个整体提升。

2016年10月，协会组织近百人参加山东省"水浒酒业杯"第二届武术大会，并取得了优异成绩。

2017年5月，协会组织100多人参加菏泽市第二届演武大会并取得了优异的成绩；还组织两支代表队参加在江苏省徐州市举办的"淮海控股杯"第二届丝路之风国际武术大赛，获得了优秀组织奖、集体一等奖和个人多枚金牌。

2017年9月15日，协会组织400多人的庞大队伍参加香港回归二十周年中国武术世界行东南卫视港澳赛，获得了优秀组织奖，取得了"王中王"两个第一名。这次活动使菏泽洪拳走进了东南卫视，展示了菏泽人特有的精气神，为推动洪拳的发展与推广起到了非常重要的作用。

2017年10月，协会组队参加2017年中国（开封）第二届"传承杯"全国传统武术邀请赛，获得了优秀组织奖和个人多项金、银奖。

2017年8月，协会成功举办了以"弘扬中华文化，传承民族精神"为主题的海峡两岸第五届中华传统武术文化交流大赛，来自中国、英国、法国、美国、加拿大、西班牙、瑞士7个国家的108支代表队伍2000余人参加了大赛，大赛给年轻武术选手提供了互相了解、互相学习的平台。

2018年4月，协会组织12支代表队200多名选手参加江苏省丰县举办的"花海亮剑"第四届苏鲁豫皖武林群英会活动，参赛队员经过激烈比拼，获得团体第一名的殊荣，展现了菏泽武术之乡的风采。

2018年5月，协会组织选手参加在江苏省徐州市举办的第三届国际武术大赛，取得了优异成绩，并获得武德风尚奖。

2018年6月，协会与牡丹区政府共同出资20余万元为赵登禹将军树立英雄纪念碑，并邀请各级领导举行了揭碑仪式和精彩的武术表演。

2018年8月，协会成功举办海峡两岸第六届中华传统武术文化交流大赛，实现了参赛规模、组织服务、竞技水平的新突破，办成了一届有特色、高水平的全国武术盛会，使中华传统武术文化得到了深入广泛的交流，进一步增进了海峡两岸继续扩大武术文化交流与合作的共识。

2018年11月，协会组队参加河南开封第三十六届菊花文化节及第三届"传承杯"传统武术邀请赛，展示了牡丹之乡洪拳人的风采，协会被评为体育道德风尚奖。

2019年4月，协会组队参加第一届江苏省传统武术大会暨第五届汉源武韵苏鲁豫皖武术邀请赛，获集体项目二等奖，个人金、银奖和体育道德风尚奖。

2019年5月，协会组队参加江苏徐州丝路汉风第四届国际武术大赛，获优秀组织奖。

2019年8月，协会成功举办海峡两岸第七届中华传统武术文化交流大赛，106支代表队1700余名选手参赛。参赛选手们本着友谊第一、比赛第二、重在参与、共同提高的竞赛理念，加深了感情，提高了技艺，进一步发扬胜不骄、败不馁的优良作风，使两岸传统武术文化水平再上一个新的台阶。

2020年1月，洪拳协会换届选举，组成新的领导班子。

协会主席：赵效合

支部书记：陈勇

常务副主席：马西磊、尹庆桥、董启兴、张秋海、杨品红、王海宾、高志起、郭康元、马建军

副秘书长：卞好政、李建

2020年5月30日，由协会老拳师成功创作了豫剧和河南坠子《歌颂大洪拳》，并请国家一级编剧马家振作词，朱起超作曲，在百川大酒店首次演出，得到了社会各界的广泛赞誉。

2020年7月4日至6日，协会举办了第一期武术散手培训班，各县分会、武校代表参加。协会名誉主席朱思年老拳师，把朱楼以前秘不外传的108擒拿手无偿贡献给了学员。

2020年7月28日，协会筹划编写《中国洪拳》一书，成立编辑委员会。

2020年8月，协会举办了武术进社区活动，分别在西城新菏社区、万福办事处登禹社区、马岭岗赵楼社区等，为广大社区群众奉献了一场场精彩的节目，既弘扬了中华传统武术，又丰富了广大人民群众的精神文化生活。

2020年10月2日至3日，协会在毅德城举办"2020菏泽市毅德城杯"传统武术展演。

2020年10月5日，协会在牡丹区委广场举办了"喜迎国庆，情满中秋"大型武术展演。

2020年10月24日至25日，协会在高新区吕陵镇周庄行政村举办了白龙潭首届中华武术文化节，场面宏大，参加人员多，受到了当地政府及群众的好评。

掌洪拳简介

掌洪拳，鲁西南的一个重要地方拳种，起源于清朝中期，盛行于清末民国间，出于少林洪拳门，尊奉三入少林寺俗家弟子、被誉为中原洪拳之祖的古濮州（今鄄城）于纯为先师。

掌洪拳法字辈始祖于纯，幼年举家遭受恶霸欺凌，立志习武，后三入少林寺发愤苦练12年，遍习一百二十八路，俗称少林神拳，尽得少林拳法高妙。后下山遇一老道人，得其指点，又通道家内功真传。于纯先师遍访名师，拜山门，入江湖，熔众家拳掌之长于一炉，融会贯通后，将少林拳拆解创新为七十二路，后萃其精华，结合内家的呼吸养生之道，自成一家，融为"阴阳十二路功夫大架"，定名为掌洪拳（阴阳掌）。经清朝、民国近300年世代掌洪拳习练者的精心研究，掌洪拳风格迥异，特点鲜明，功架舒展大方、刚劲有力、大开大合、刚柔并济、结构严谨、朴实无华，内外兼修，以内功为主，注重实战，博采佛、道、医、武的理论精华，不仅有繁多的制敌招数，更有强身健体、正骨舒筋、活血祛病之奇方妙法，普及广泛，可满足不同年龄、不同性别、不同人群的不同需求，可作为全民健身活动的主要内容，是优秀的民族传统文化，堪称中华武林的一支奇葩！

掌洪拳在漫长的历史进程中形成了自己完整的流派体系，内容丰富，有拳术、掌法套路，功法，长短兵器、软硬兵器，徒手对练、器械对练，气功点穴，软硬功夫，摔跤、柔道、擒拿、散打，暗器等近120多套（种）。自于纯先师起薪火相传，绵延不绝，人才辈出，已传到十六代。2014年4月2日，经菏泽市体育局、菏泽市民政局批准注册，成立了菏泽市掌洪拳运动协会，各县区相继成立掌洪拳分会、校、点、辅导站等遍及9省26市（县），门下弟子近38000人，有东明东方武术学校、山东搏击运动学校、梁山水泊武馆、郓城黄安武术训练基地等名校名馆。当地有"就是全家不吃盐，也要练练掌洪拳""学会阴阳掌，打人不用想，心明阴阳经，能退来犯兵"等民间歌谣，形成了"威武掌洪拳，起源鲁西南，兴于大清间，八方大传衍"之势。

炮拳简介

菏泽古称曹州，在明清之际就有"武术之乡"的美誉。中华人民共和国成立后，菏泽武术得到蓬勃发展，先后有菏泽市牡丹区、郓城县、东明县、单县、巨野县五个县区被命名为全国"武术之乡"。炮拳是菏泽地区历史悠久、传承有序并蓬勃发展的优秀传统文化瑰宝。

炮拳起源于明代，相传于清嘉庆年间，由一绰号尹二胡子（因此人常常留着大胡子，又在家兄弟中排行老二而得名；另有一说，绰号尹二猴子，因轻功似灵活的猿猴而得名）的人在河南少林寺罗汉堂练习炮拳，艺成返乡传授于曹州孔楼村人石广德，石广德传于曹州东北十八里大郭集人邓时雨。邓时雨生于1879年，16岁拜在石广德门下，同时拜师的还有赵楼唐庄人杨占启。邓时雨传其儿子邓在田及孔楼村的石庆明。现在炮拳主要流传于菏泽市牡丹区的胡集、都司、沙土、黄堽、皇镇，鲁西新区的岳程办事处，以及郓城、鄄城、定陶、曹县等县区。

邓时雨与杨占启在年近古稀时，结合多年练功的实践经验，在炮拳"递搭手"的基础上，进一步发展，创出递手、连环手、借力打人、先下手、汇合手的六部功法。以递搭手为母，一手变三手，三手变九手，转换变化成九九八十一手通三节四面、防破精进的技击实用技法，形成了较为完整而有地方特色的炮拳体系。炮拳讲究"内练一口气，外练筋骨皮"，以桩功、铁砂掌、百步神打、撞杆功、千斤坠、拿跌功等功法作为习练的基础，来提高自身的抗击打能力，做到体用兼备、内外兼修之目的。

炮拳朴实无华，手脚并用，动自有法，不动为架，高崩低挂中刁拿；气随劲走，发劲神速，粘连顺合，闪展腾挪，出手似放箭，回收如火烧，快慢相间，伸缩连贯，猛劲化柔，极柔成刚，守攻转换，神意展现；一狠、二毒、三急、四圆、五爆、六截、七消、八稳、九准为要。

炮拳现有散步架、十二式大架、斜串锤、桌子锤、五功架、五花炮、拔气架等单练套路，对练拳路有四锤、落花锤、大三打、八翻子、花三打、栾锤炮、五先手、小红拳对打等，器械对练有白手夺刀、白手夺枪、对花枪、大刀破枪、对花枪、三节棍对枪、梢子破枪、虎头勾破枪、匕首破枪、手链对枪、梢子棍对打等。

运气如火药，拳脚似雷炮，发力稳狠准，震脚响天雷，这就是炮拳。现今此拳已成功申报菏泽市非物质文化遗产。

大洪拳、掌洪拳、炮拳三门之间的历史关系

菏泽以及周边一带传统武术历来发展繁盛，拳种众多，其中，大洪拳、掌洪拳、炮拳三大门派为同一源流，皆属于少林派一脉分支，三家拳理近似，拳术风格与内容也大同小异，所以长久以来在菏泽武术界广泛流传着这样的一句话："掌、洪、炮不分家。"

清末民初之时，菏泽朱楼大洪拳一代名师朱凤君、朱效章、李凤吟与掌洪拳一代名师田再湖、马清田以及炮拳一代名师邓时雨、韩孟忠、陈希和等交往甚密，情同兄弟，他们在武技方面互相学习，各通有无，并一致达成共识，确认三门同属于少林分支。

百年来，洪、掌、炮三家合作紧密，大事共商，互相交流，并于1994年共同建立了菏泽市洪拳协会，共同合作举办了多次大型武术赛事，平时一起合作的大小武术展演不计其数。

纵观以往，三大门团结亲和，上有先师垂范，下有我辈继承，三家的团结合作在菏泽武术界拥有良好的口碑，以后也当一如既往、不忘同脉、加强协作，共同为弘扬中华武术、振奋民族精神而继续努力！

注：菏泽一带大洪拳、掌洪拳、炮拳所传门人若互论辈次之时，应按先师朱凤君、朱效章、李凤吟、田再湖、马清田、邓时雨、韩孟忠、陈希和结义弟兄为基准，依次下推，避免紊乱。

宋江武术学校简介（大洪拳）

　　宋江武术学校（以下简称宋江武校）是经教育和体育部门批准创办的一所文武兼修、以武见长的封闭式、寄宿制、十二年一贯制学校。1984年开始筹建。为了筹措建校资金，大洪拳第十四代传人黄广勋带领弟子郑勋谦、郑树全以及徒孙樊庆斌、刘国庆等人骑自行车到山东、河南、河北、江苏、安徽等地找熟人借钱，有时候，饿了啃口凉馍，渴了喝口凉水，困了随便找个地方打个盹，历经磨难，终于筹足了资金，建成了宋江武校。建校之后，聘请中国武协副主席蔡龙云、山东省武协秘书长邱方剑任名誉校长，聘请山东省武术队元老赵瑞章和全国影视明星、螳螂拳大师于海任技术顾问，聘请黄广勋任武科校长兼总教练。在社会各界的关心帮助下，经过全校师生员工的共同努力，学校逐渐发展壮大，目前占地面积28万平方米，建筑面积9.5万平方米，固定资产6.5亿元，设有从小学到高中各个年级的散打、套路、拳击、柔道、摔跤、影视、跆拳道、空手道、武术舞蹈、足球、攀岩、轮滑等专业班80余个，有来自全国各地的学生4000余人，教职工400余人。

　　宋江武校一直把武术训练放在工作首位，兴建了一流的训练场馆，配备了一流的武术教练，制定了"以德建武，以文保武，以武养文，文武并进"的办学方针。建校以来，宋江武校培养了一大批优秀武术人才，已向国家队、省优秀专业队、武警部队和高等体育院校输送专业人才5000多人，为全国各地输送教练员5500余人，为各大企业输送高觉悟、知法律、善搏击、懂管理、通文秘、晓英语、能攻关、会驾驶的复合型高素质保安人才6000余人，在国内外重大赛事中获奖牌2400枚。学校自1999年开始单独组队参加省散打锦标赛，8次获团体总分第一、金牌总数第一"双冠王"称号。

拳击、跆拳道代表队获2002年至2005年省锦标赛金牌和团体总分四连冠，武术套路在省锦标赛中亦多次夺冠。在山东省第九届中学生运动会上，宋江武校代表菏泽市参赛，武术套路荣获金牌总数和团体总分双第一。在2006年1月的全国散打俱乐部争霸赛中，宋江武校组织两队参赛，宋江武校俱乐部获团体总分第一名，宋江武校俱乐部的杨晓靖力挫群雄，夺得全国武状元，王强夺得全国第二名。在山东省多届运动会上，宋江武校都为菏泽市夺得"半壁江山"。从宋江武校走出了一批世界、亚洲和全国武术冠军，袁新东、袁晓超、康永刚、边茂富等是其中的优秀代表。2010年广州亚运会上，中国共派出977名运动员，其中宋江武校学生有3人——袁晓超、魏宁和姜春鹏；在中国代表团夺得的199枚金牌中，宋江武校的学生获得了3枚：首金为袁晓超所得，第156和第158金为魏宁所得，姜春鹏虽然和金牌擦肩而过，但最终将铜牌收入囊中。2019年10月举行的第19届全国武术学校散打比赛共设13枚金牌，宋江武校一举夺得4枚。

宋江武校把文化课教学也放在重要位置，半天学文，半天练武，文武并进。在全校400余名教职工中，大学本科以上文化程度的占92%，高中级职称的占75%。文化课按教育部颁布的《义务教育课程标准》设置。在市县历次联考中，学生的及格率都在95%以上。学生刘博因品学兼优获宋庆龄奖学金和"全国小状元"称号。2007年宋江武校考入北京体育大学武术专业28人，创下全国一校一次录取人数占全国总招生量10%的最高纪录。

宋江武校注重培养各类艺术人才。1994年宋江武校学生表演的武术舞蹈《狗娃闹春》荣获央视春晚一等奖，随后成立了狗娃艺术团，开设了影视和武术舞蹈专业，狗娃艺术团相继参加了申奥、世妇会、迎港澳回归等国际和国家级演出百余次。在北京奥运会开幕式上由张艺谋执导、宋江武校学生参演的《地球奔跑》《人体鸟巢》受到观众好评。2020年除夕，在中央电视台春节文艺晚会上，宋江武校学生为著名歌唱家成龙演唱的歌曲《万里长城永不倒》伴舞。学生还多次赴美国、日本、法国、韩国等几十个国家和我国的港澳台地区演出。学生先后在张艺谋、吴子牛、洪金宝、鞠觉亮等著名导演执导的《狄仁杰》《微服私访》《狩猎者》《少林寺传奇》和新版《水浒传》等几十部影视作品中担任角色。其中18集电视连续剧《水浒少年》中主要人物均由宋江武校学生扮演，该剧荣获我国影视最高奖——"飞天奖"一等奖。2012年9月，由宋江武校输送的学生袁晓超主演的功夫片《太极》轰动国内外，业内人士评价说："袁晓超的横空出世和他奥运会武术冠军的背景，让他的未来变得光明可期，成龙和李连杰功夫巨星自此后继有人。"

宋江武校学生前景广阔。近几年，每年考入北京体育大学、上海体育学院等国内著名高等院校的学生都在百人以上；往国家队和各省市专业队输送专业运动员60名以上；为全国各地武术馆校输送教练员200人左右；为武警部队等特等兵种输送兵员百人左右；同时，每年都有一些学生走进全国各影视剧组，在演艺界施展才华。

宋江武校目前是中国青少年职业拳击训练基地、山东省优秀运动队后备人才基地、北京体育大学教育实习基地、吉林体育学院竞技运动人才基地。宋江武校先后被评为"全国群众体育先进单位""全国先进武术馆校"。在全国武术20年大总结中，被评为"全国十大武术名校"。2014年2月被中国武协评为"2010——2013年全国十杰武术学校"。2017年12月荣获国家体育总局颁发的"全国体育事业突出贡献奖"。校长樊庆斌2011年荣获全国"五一劳动奖章"，历任郓城县政协常委、郓城县政协副主席、菏泽市工商联主席、菏泽市政协副主席、山东省民间商会副会长等职，是第九、十、十一、十三届全国政协委员，第十一届山东省政协常委。副校长刘国庆连续当选为第十、十一届山东省人大代表，2012年当选为菏泽市第十八届人大代表，2017年1月当选为郓城县人大常委会委员。

江苏省丰县三晃膀大洪拳简介

丰县三晃膀大洪拳在清嘉庆十年（1805年）由山东人一代宗师李泰传入丰县欢口镇仇庄，现在是省级非物质文化遗产。门下弟子众多，只有弟子张健收徒传承，并以此为业，传艺苏、鲁、豫、皖，将三晃膀大洪拳发扬光大，传承后世，被后人尊为一代宗师。丰县大洪拳协会成立于2009年，会长张茂强，江苏沛县人，1950年生，自幼习武，三晃膀大洪拳传承人，精通本门及其他门派功法，武功精湛，内功深厚，被丰、沛县誉为一代名拳师，素有北大门之称。协会下设两个分支机构，会员5000余人，在江苏丰县、沛县、徐州、无锡、江阴，以及山东青岛、单县等地开办多家大洪拳武馆。成立至今，参加国际、国家、省、市和县级比赛50余场次，获得金、银、铜牌无数枚。每年协助宣传部门和文广体局，举办苏、鲁、豫、皖梨花节"花海亮剑"武术展演赛，得到省、市、县领导的表扬。协

协会主席 张茂强

会目前有国级一级套路裁判一名，高、中级教练员43人，段位考评员8人，二级社会体育指导员20人。协会办公和训练场地均在丰县凤鸣公园，全年免费培训武术爱好者。协会宗旨是：致力于传承、挖掘、研发中国传统武术艺业，发展和弘扬中国武术精神。

秘书长 高文华

副秘书长 尹建祥

馆长 王刚

馆长 洪飞

馆长 刘标

馆长 周晓俭

馆长 魏自磊

大洪拳各区域支派

济宁市大洪拳简介

相传大洪拳是宋朝开国皇帝赵匡胤年轻时所练之拳，宋太祖赵匡胤在少林寺学艺3年，后离开少林寺，打关东闯关西，被后代称为艺祖。

宋太祖少年时所练之拳为小洪拳，也叫二洪拳（在河南省及山东菏泽等地流传）。成年后，打关东闯关西，率部队打江山所练之拳为大洪拳。老年时期，所练之拳称为老洪拳（现称老架子、五步架、文圣拳）。可见，洪拳是一个系列拳种，它包括小洪拳、大洪拳、老洪拳。

1923年3月，戴法庵将大洪拳传入济宁，从此这种古老的中华传统拳术在济宁生根发芽，传承至今，并且有很深厚的群众基础。

戴法庵，1854年出生，山东聊城堂邑戴家庄村人，酷爱武技，9岁拜大洪拳名师吴广喜为师，悟性极高，苦练8年，练就一身上乘武功，设场授徒数百人，行侠仗义为贫苦农民打抱不平，享有极高的威望。

1898年10月，戴法庵率徒和贫苦百姓参加义和团，打出"扶清灭洋"旗帜，后在清政府和洋人的联合镇压下失败。为逃避追捕戴法庵到处流浪，后在山东泰山的江湖武者比武中连连取胜，被冯玉祥将军发现，聘为武术教官，从此声名大震。1923年，他因厌恶战争导致民不聊生妻离子散的惨境，毅然弃军，来济宁谋生，教习武术，从此大洪拳传入济宁。

戴法庵在济宁弟子众多，其中比较出名的有王凤阁、余德海、邵庭臣、张兆祥、杜广义、李华光、李振武等。现在济宁大洪拳协会的弟子大部分都是张兆祥、李振武的弟子。

大洪拳共计十路。一路：奠基拳；二路：飞麟拳；三路：飞鹤拳；四路：云花掌；五路：连环掌；六路：黑虎式；七路：青峰式；八路：太平式；九路：永安式；十路：铁幅式。

此外还有刀枪剑棍、双刀、双剑、鹿角刀、双头蛇、大刀、大枪、刀里加鞭、滚躺刀、大捎子、手捎子等套路。对练：单刀战枪、八进杆子、手捎子战枪、行者锤、拧手锤等。

大洪拳被称为诸艺之源，特点是：功架大方，演练中大开大合，以活马步为主，上承禅法、下化武艺、掌拳并用、刚柔相济、攻守自如。在练习时的要求是：手眼身法步、精神气力功于一体，眼到、手到、力到，气力合一，力发足路导至腰，腰为主宰力发四肢。在挥掌踢腿时，要先松后紧，出拳踢腿快如闪电，到击打点后，收紧拳、脚，发全身之力。

河南省许昌市洪拳简介

许昌洪拳发源于山东。1914年，山东菏泽著名武术名师张茂林（1890—1939）因时局动荡定居河南省许昌市，开始授徒传艺。张茂林自幼喜爱武术，少年时拜山东菏泽当地武术名师狄小辫为师，经过10余年的刻苦练习，功夫日益精熟。为了进一步提升武艺和拓宽视野，张茂林拜别恩师之后开始游历闯荡，四处访寻武术名师学习交流，终于学有所成，技艺精湛。同时，张茂林也擅长中医针灸、中医正骨等。张茂林来到河南省许昌市开场授拳期间，结识当地查拳名师虎军山和梅花拳名师曹振谱，三人相互敬佩武艺和武德，故结为金兰并合场授徒，成为"许昌东街武术"（2019年许昌东街武术成为市级非物质文化遗产项目）的主要创始人之一。抗战爆发后，张茂林带领爱徒李合坤等人从军报国，曾在西北军冯玉祥的部队担任武术教官，为抗战事业贡献力量。晚年，张茂林因患病由徒弟李合坤护送至老家山东菏泽养病，直至逝世，享年49岁。张茂林一生武德高尚，技艺高超，培养了一大批优秀的武术弟子，其代表者有弟子李合坤和再传弟子马书斌等人。许昌洪拳以小洪拳为基础，以四趟洪拳为代表，在许昌当地回、汉两族皆有传承。当地回族人练习查拳、弹腿、心意拳同时兼习洪拳。2012年，许昌市武术协会洪拳研究会成立，成为许昌洪拳发展的重要传承力量。

郓城县西关大洪拳简介

据郓城县志及洪拳拳谱记载，清朝乾隆年间（1740年）郓城人李瑞龙，幼习文武，后周游诸省，访众多武术名师，精洪拳技艺，武功高强。后进京中武进士，钦点御前头等侍卫，后官拜浙江提督。告老还乡后，传后人习武，将洪拳传入郓城，为郓城洪拳本门第一代传人。后经五代发展传承，传至第六代传人贾龙恩，贾龙恩系郓城西关人，授业于洪拳第五代传人郑心如（郓城西代庄人），得其真传，并将所学洪拳不断精研细化，在郓城多处设场授徒，徒弟逾以千计，使洪拳在郓城以西关为主，逐步发展到北关、代庄、丁庙、八里庄、董店等几十个乡镇。发展至今，习练洪拳者规模庞大，人员众多。

传承关系：第一代李瑞龙；第二代刁复礼；第三代郑万里；第四代郑宝增；第五代郑心如；第六代贾龙恩、苑文玉、侯维奇等；第七代贾福忍、贾福让、闫敬仁、晁忠记、郑祥吉、袁广居、刁星友等；第八代贾友庆、贾友民、贾友安、郑树安、孙国兴等；第九代贾昌文、贾昌武、贾昌荣、陈申平、张功芳等。

洪拳是中华武术的优秀拳种和重要组成部分，自成体系，传承清晰，内容丰富，主要包括基本功、健身养生功、套路、搏击散手等。洪拳特点：刚劲迅猛、朴实舒展、步法灵活、架大势猛、身法协调、形神兼备、拳势连贯、节奏紧凑、以意领气、以气催力。练拳跟在脚，发于腿，主宰于腰，行于手，顺肩调膀，拳打一线。

本门拳路包括：单拳五十余路，单双器械五十余套，对拳十余路，器械对练三十余路。

附：本门名人

贾龙恩（1897—1965），字锡三，号剑斋，郓城西关人，洪拳第六代传人。早年学文，博古今史，善赋诗人，精书法。后师从洪拳第五代传人郑心如习武，天资聪慧，天赋极高，得师真传。青壮年时期游历南方诸省，结交诸多武林名师，交技会武，他集诸拳之精华，融于洪拳，使洪拳之内容技击日臻完善。民国时期曾任北洋中央军和安武军武术教官，30年代任湖北第十军武术教官。1932年在湖北举行的武术比赛中获两项冠军。曾在安徽合肥设场授徒多年，后回郓设场授徒。他重视武德，名徒众多，以侯景忠、贾福忍、闫敬仁、刁星友等为优秀者。他还创新编排了不少新的套路和稀有器械的玩练，拳术、器械、徒手对练、器械对练等，总套路达一百六十余路。

贾龙恩终生事武，犹有文史之风，每遇文人名士则互和吟咏，有《攻守纲领》《刀论》《枪论》等诸书和诗赋传世。

贾福忍（1916—1996），贾龙恩长子，洪拳第七代传人。幼随父习文武，尽得所传，家传洪拳及十八般兵器样样精通，多次随父设场助教。1946年受众师兄弟之请，去合肥任教，并定居合肥，收徒授艺。他注重人品，提倡武德，授徒善讲，文武并传。他与安徽、上海诸多武术名家结交，提高自身武学修为，成为安徽武术名家。在安徽省武术比赛中，他多次夺得第一名。后历任安徽省武术裁判、省武术协会理事合肥市武术协会副主席，并多次回郓城设场授徒。他有很高的文化素养，酷爱文墨、书画、竹石刻，曾著《剑琴轩述武》《十八般兵器浅说》《洪拳源流》《武技碎言》诸书。贾福忍被录入《中国当代武林名人志》。

贾友民，生于1954年，郓城西关人，洪拳第八代传人，中国武术六段。幼年随伯父贾福忍、父亲贾福让习武，刻苦练武，不懈努力，尽得家传，为同代传人中之优秀者。他聪慧好学，有很深的文化功底，善长书法。后在济南任教，授徒众多。他多次在各级武术比赛中获优等奖，现为济南市武术协会理事。2020年获评全国武术进校园十佳教练员。

贾友安，生于1956年，郓城西关人，洪拳第八代传人，中国武术六段。7岁随伯父贾福忍、父亲贾福让习武，勤奋好学，精通洪拳、查拳、炮拳、二郎拳等诸门拳术及各种器械，现为本门代表。他多次参加各级武术比赛，多次获优等奖。他收徒严谨，注重人品，德武并传。他文化功底深厚，曾参加《郓城县志》《郓城县武术志》的编写，现为郓城县武术协会副主席。

定陶区洪拳协会简介

菏泽是中华武术之乡，从古至今有多种武术门派流传。洪拳是菏泽市一个历史比较悠久、传播较广的武术门类。山东省洪拳发源于菏泽市牡丹区朱楼；定陶洪拳发源于马集镇东李庄，李良斌为传承人。定陶洪拳协会成立于2009年5月，在上级业务主管部门和市洪拳协会的领导下，围绕协会发展主要做到了以下几个方面的工作。

一、加强党的组织建设，把协会工作始终处于党的绝对领导之下

依照上级主管部门的要求，协会与2014年5月1日建立了党支部委员会，书记邱凤岗，副书记梁茂印，委员5人，分别为乔保成、刘汉银、许素雷、曲兆良、卢效国。2017年至2020年先后进行两次换届，并成立了新的支部委员会，书记邱凤岗，副书记梁茂印，委员刘汉银、许素雷、乔保成、曲兆良、李新潮、卢效国、陈宝军。分片组织成立党小组，指定并建立了党的"三会一课"制度、党员政治学习制度、廉政建设等制度。按期组织党员参加活动，组织党员认真学习马克思列宁主义、毛泽东思想、邓小平理论、"三个代表"重要思想、科学发展观、习近平新时代中国特色社会主义思想，认真学习贯彻党的十八、十九大精神，积极参加党的群众路线教育实践活动和社会主义现代化强国教育实践活动，强化党员"增强四个意识，坚持四个自信，做到两个维护"，使协会中党员的政治思想觉悟、政治理论水平、工作意识、奉献意识有了不同程度的提高，为创造性地做好协会工作打下了深厚的政治基础。协会党务工作年年受到上级主管部门肯定，几年来，先后涌现出先进党小组20个，模范共产党员120名。

二、加强协会自身建设，不断发展壮大协会

加强协会党的组织建设，保障党对协会工作绝对领导的同时，不断强

化协会自身建设，发展协会会员，壮大协会队伍，采取会员推荐、社会发现、武校培训，短期办班等方式，培养武术新人，发展协会会员，使会员队伍不断壮大。目前，协会成员已由成立初期的600人发展到1000人，协会的社会影响不断扩展。

三、传播弘扬传统武术文化，培养造就武术新人

协会成立以来，协会本身和会员共建立文武兼修武校3处，举办中短期洪拳培训班20期，武校培养毕业学员2000人，各类培训班培养学员3000人，送入高一级的武校深造30人，为武术院校输送人才10人，使一批武术新人崭露头角。

协会委员、副秘书长成世涛致力于洪拳武术文化的传承，自2015年以来先后创办了两所培训机构。一是定陶区大成功夫学堂，投资30万元，建有室内训练场400平方米，室外训练场4500平方米，开设套路、散打、搏击等科目，每年招收适龄儿童60人，现有在馆训练生205人。每年输送多名优秀学生去少林塔沟武校、宋江武校等全国知名院校武馆及专业武术队深造。2016年，武馆参加山东省武术精英大赛，获得集体一等奖；2017年，参加海峡两岸中华传统武术文化交流大赛，获得金牌16枚、银牌10枚、铜牌6枚、团体三等奖；2017年，参加菏泽市第二届"明胜杯"演武大会，获得金银牌各16枚，团体获得"武德风尚奖"；2018年，参加山东省武术精英大赛，获金牌12枚、银牌8枚、团体一等奖和优秀组织奖；2018年，参加全民健身菏泽市传统武术联赛，获金牌26枚、银牌8枚、团体二等奖；2019年，参加山东省武术精英大赛，获团体一等奖；2019年，参加菏泽市第三届"明胜杯"演武大会，获金牌40枚、银牌18枚、团体三等奖；2019年，参加第七届海峡两岸中华传统武术交流大会，获金银奖牌56枚、团体一等奖；2019年，参加全民健身菏泽市传统武术联赛，获金牌22枚、银牌10枚、铜牌8枚。

二是成立于2017年的菏泽市幼少武术研究会，这是推动菏泽市幼少

儿武术运动发展和技术水平提高的群众性体育社会团体，为菏泽市各幼儿园和中小学武术活动的交流和开展创造了条件，现有合作幼儿园及学校 26 个，在校学生 1 万多人。2018 年，研究会组织学生参加了中国关心下一代工作委员会、国家体育总局、中国武术协会组织的赛事，获得特别贡献奖；2018 年，成世涛被菏泽市武术运动协会授予 2017 年度全市武术工作先进个人；2019 年，组织参加了中国关心下一代工作委员会、中国武协组织的百城百万武术操比赛，获得集体一等奖，研究院被授予"中华幼少儿武术实践基地"。成世涛在 2018 年至 2019 年连续被菏泽市武术运动协会评为全市武术工作先进个人。此外，协会会员程浩良、王建新利用学生暑假举办传统武术培训班，学员在海峡两岸中华传统武术文化交流大赛中，总计获得金银牌各 20 余枚，为协会挣了光。

四、积极组织参加国家、地方和武术运动团体组织的赛事活动，为传统武术增光添彩

协会成立以来，2 次组织参加省级武术比赛，获得金银牌 20 余枚；5 次组织参加市级武术比赛活动，获得金银牌 23 枚；先后组织参加了七届海峡两岸中华传统武术文化交流大赛，获得金牌 150 余枚、银牌 210 枚、铜牌 320 枚，每次均获得优秀组织奖。每届海峡两岸中华传统武术文化交流大赛参赛人员的费用均由协会会员赞助，先后有秦振鑫、冉维营、孔凡梅、车兆锋、聂元刚、冯海利、徐志强、刘汉银、董学亮、解传江、成世涛等 11 位会员，每人出资上万元，充分体现了会员的尚武精神。

五、积极发掘和抢救传统武术遗产，弘扬传统文化

协会成立以来，一直把发现、发掘、保护、抢救、恢复传统武术资料，弘扬传统文化作为主要任务，并取得了一定成效。据传，功夫"一指禅""仙人挂画"（又名大上吊）乃是洪拳的秘传功夫，皆因这两个功夫练成难度实在太大，且在修炼的过程中具有一定的危险性，无人敢练，仙人挂画绝技几十年来在众多洪门弟子中仅有一两个练成，两种功夫均失传多年。有

志者事竟成，协会主席李良斌历经几十年苦心修炼，现已练成一指禅，同时将仙人挂画的修炼方法传授给了弟子程豪良，程豪良历经数十年艰辛，亦将此功夫练成，终于使这两个功夫重现江湖。仙人挂画功夫展演后，先后接受中央电视台、东方卫视、凤凰卫视、江西卫视、河南卫视等全国多家新闻媒体采访；中央电视台五频道制作了10余分钟专题片，在全国各家电视台连续播放，在海内外产生了巨大轰动。

六、鼓励支持协会会员积极兴办实体经济，为社会主义现代化事业增砖添瓦

协会副主席解传江2016年注册资金500万元，兴办菏泽博瑞物流有限公司，现拥有各种车辆300余辆，固定资产达8000余万元，平均每年向国家上缴利税200余万元。协会党支部书记梁茂印注册投资200万元，兴办菏泽盛誉环保包装科技有限公司，经过几年的积累，固定资产已达600余万元，平均每年向国家上缴利税20余万元，2019年被评为菏泽市守信誉重点企业。协会副主席董学亮创办的华东庄园酒业有限公司，年年向国家上缴利税近10万元。典型很多，不一一列举。

随着时代的发展，社会的不断进步，定陶区洪拳协会必将扬帆远航，取得更大的成就。

二郎拳简介

少林拳因少林寺而得名，为达摩祖师所传。

达摩祖师有两卷经书，《洗髓经》和《易筋经》，然而流传世上的只有《易筋经》，相传《洗髓经》为慧可大师所得，未流传于世。

据前人所传，少林共有三百六十门之多。少林寺分五大少林派，有峨眉少林寺、武当少林寺、福建少林寺、广东少林和河南嵩山少林寺。而嵩山少林寺又分三大家，有洪家少林主刚、孔家少林主柔、俞家少林主刚柔相济；俞家又分四大门，罗汉门、大圣门、二郎门、韦陀门，门下面又分若干门。

从地域上又分南派少林与北派少林，俗称南拳北腿，其门户甚多。

二郎拳是俞家功法，为少林慧丰禅师所传。相传清道光十年（1830年），慧丰禅师化缘行走冀鲁豫交界处，有一伙强盗与京杭镖局镖师在厮杀，镖师已渐不支，慧丰禅师出手相助，王松岭见大师武功高强，便拜大师门下。

二郎拳本是二人对打的拳术，过去称男子为郎，大郎、三郎、拼命三郎。二郎拳套路繁多，早在南宋时期岳飞抗金时在军队中就应用过，到了明代二郎拳成为少林寺拳种之一。

清中期，沙镇的王松岭得慧丰禅师真传，王松岭传杨秀林、王长发、楚培祥，杨秀林传杨金堂、杨金生、赵相坤，赵相坤传赵俊生、赵俊明、邓青元、耿福寅、刘希安等。

杨金生是杨金堂的弟弟，民国时期，他的儿子杨广汉、徒弟周广兴与任方明出手不凡，有"三小侠"的美名，抗日战争时期"三小侠"都加入范筑先部队抗日救国。

从1915年耿福寅在东昌府跟赵相坤、李继元、邓环营学习二郎拳，练就了一身好功夫，威名远扬，弟子遍布长江南北，黄河两岸。其子耿广民、弟子仲兆温等文武兼备、德艺双修，桃李满天下。

二郎拳特点：基本功扎实；动作勇猛，规范连贯，变化多样，虚中有实，实中有虚，刚柔相济；手眼身法步紧密配合，闪展腾挪，灵活多变；手上功夫，扣如钢钩，刺如刀，峰如铁，黏如胶。

二郎拳内外兼修，内练一口气，外练筋骨皮，周公八式桩功的修炼达到筋骨坚实有力。二郎拳套路繁多，有十路弹腿、二郎拳、三步架、四步架、六步架、六角式大架子、二十腿等。

功法有易筋经、八桩功、轻功、硬功等。

技法有通手、九段手、迷手、翻手、扇手、隐手、拦手、贯手、圆手等。

穆解庄弟子与师爷耿广民合照

徒孙与师爷耿广民合照

第三届精英武校武术教练员培训

纪念耿福寅祖师100周年诞辰

鄄城县二洪拳简介

二洪拳是宋祖赵匡胤所创,在鄄城县南关罗庄村、郑营、鄄城北杨合口村一带流传久远。此拳创始于宋,明、清时期最为鼎盛。

据《濮州志》记载:宋太祖赵匡胤打关西闯关东时,兵屯于鄄,为了提高军队的战斗力,增强将士的作战能力,适应对敌搏斗,创编了一套适于将士训练的拳术套路,后称二洪拳。有歌诀云:"洪拳神手赵祖,闯荡江湖有大名,洪拳九九八十一,传在人间定太平。"二洪拳经历代后人反复演习,终于形成了一个完整的拳派。

二洪拳在漫长的发展演变中,出现了众多著名武师,可谓人才济济,如清代乾隆年间的常子敬,嘉庆年间的张景文,道光年间的张真,道光咸丰年间关中的高三、邢三、苏三和于得水,光绪年间的闫书勤等。后来由于战乱,加之黄河多次决口,洪水泛滥成灾,大部分村庄、田产被水淹没,灾民流离失所,逃亡外地,二洪拳濒临失传,直到清朝末年,鄄城南关罗庄村侯汝诺才将二洪拳传承下来,并发扬光大,流传至今。

于得水是鄄城县董口镇于堌村人,是位爱国志士,青年时期参加义和团,义和团失败后回到鄄城南关罗庄村投亲避难,在罗庄村教拳授徒。本村侯汝诺、侯汝开等人拜于得水为师,习练二洪拳。侯汝诺自幼习武,一直随于得水习练二洪拳,他勤学苦练,几十年如一日,十八般武艺样样精通,娴熟巧妙,托打、跨打堪称一绝,而且仗义行侠,德高望重,闻名遐迩,一时间,弟子如云,来访者络绎不绝。由于侯汝诺重武德,又重言传身教,其艺至精,其德至纯,被誉为德艺双馨之一代宗师,其得意弟子侯云坡、侯培德、侯凤坡、孙思正、王学义、刘双聚等都成为德高望重的一代名师。20世纪30年代二洪拳最为兴旺,特别是鄄城境内郑营、引马、左营、旧城、董口等地发展迅速，之后又迅速发展至整个菏泽地区以及河南商丘、濮阳、清丰，江苏徐州，山西运城，安徽亳州，山东济宁嘉祥等周边地区。

侯汝诺的弟子在保家卫国、建设新中国方面创造出许多可歌可泣的英雄事迹，至今被当地所赞扬。

鄄城县境内许多人都演练二洪拳，每年春种秋收之后，人们都会集合在一起，拿出刀、枪、棍、棒等器械，披上狮皮，带上引狮绣球，进行演练，并祈求风调雨顺，庆贺丰年。有歌云："二洪拳拉四平，上步跨打拉七星，迎面夺下刺喉枪，演武场上比输赢。"纯朴的人民以此来庆贺丰收，表达对喜悦之情。

第三章

菏泽市洪拳协会近年部分活动照片及荣誉

宋江武校部分活动照片

参加中国体育彩票杯跆拳道比赛的宋江武校学生

宋江武校教学楼前广场

参加全国武术兵道比赛的宋江武校学生

宋江武校学生参加2022年北京冬奥会开幕式表演

宋江武校状元大刀表演

1994年中央电视台春节联欢晚会《狗娃闹春》剧照

菏泽市洪拳协会近年部分活动照片及荣誉

2008年8月8日宋江武校学生参加北京奥运会节目《地球奔跑》

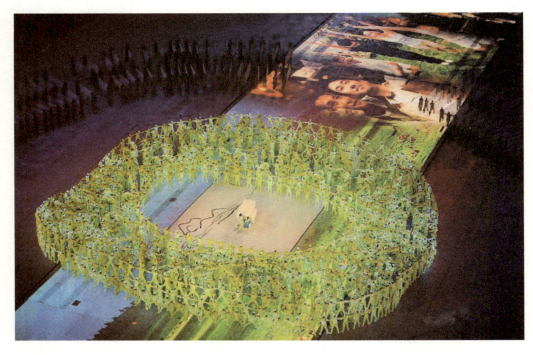

2008年8月8日宋江武校学生参加北京奥运会节目《人体鸟巢》

宋江武校武术训练场景

2001年宋江武校学生参加第21届世界大学生运动会节目《中国船》

宋江武校学生在韩国表演武术

宋江武校学生表演的《狗娃闹春》获央视春晚一等奖

菏泽市洪拳协会部分活动照片及荣誉

2012年洪拳协会邀请赛开幕式现场

中国（菏泽）2012年洪拳传统武术邀请赛裁判员

海峡两岸第三届中华传统武术文化交流大赛开幕式现场

海峡两岸第三届中华传统武术文化交流大赛全体裁判员

2013海峡两岸中华传统武术（洪拳）邀请赛工作人员

海峡两岸第三届中华传统武术文化交流大赛开幕式现场

菏泽市洪拳协会近年部分活动照片及荣誉

2014年海峡两岸中华传统武术文化交流大赛工作人员和武术专家

洪拳协会参加台湾举办的全球华人武术邀请赛

海峡两岸第四届中华传统武术文化交流大赛全体裁判员

海峡两岸第五届中华传统武术文化交流大赛工作人员和外国学生

陈勇书记、赵效合主席和外国学员

海峡两岸第五届中华传统武术文化交流大赛开幕式

协会书记陈勇、主席赵效合与北京体育大学教授何方桂、李印东

海峡两岸第五届中华传统武术文化交流大赛工作人员

海峡两岸第五届中华传统武术文化交流大赛开幕式现场

海峡两岸第六届中华传统武术文化交流大赛开幕式

海峡两岸第六届中华传统武术文化交流大赛裁判员

海峡两岸第七届中华传统武术文化交流大赛新闻发布会

海峡两岸第七届中华传统武术文化交流大赛开幕式现场

菏泽市洪拳协会近年部分活动照片及荣誉

非遗大洪拳系列武术活动进乡镇表演

洪拳协会在菏泽电视台武林春晚表演

菏泽市洪拳协会武术进社区巡回展演

洪拳协会到泰国武术文化交流

菏泽市洪拳协会近年部分活动照片及荣誉

洪拳协会领导到鄄城引马武术馆调研

菏泽市洪拳协会暑假武术培训班全体学员

菏泽洪拳协会人员与北京体育大学教授何芳桂、陈超、李印东、张歌真

洪拳弟子在赵登禹将军纪念碑合影

洪拳协会部分会员在协会演武厅合影

菏泽市洪拳协会近年部分活动照片及荣誉

全国非遗日洪拳协会在菏泽美术馆武术展演

洪拳协会领导和北京体育大学教授何芳桂

菏泽市洪拳协会近年部分活动照片及荣誉

德州八极拳协会来菏泽市洪拳协会交流

洪拳协会大刀队在江苏省丰县武术邀请赛表演

2016年洪拳协会参加在江苏省徐州市举办的国际武术大赛

2021年洪拳协会主席赵效合参加全市武术表演开幕式

2020年洪拳协会在高新区白龙潭举办大型武术表演

2020年高新区白龙潭大型武术表演合影

2017年洪拳协会年终总结颁奖现场

洪拳协会主席赵效合为江苏省武协常务副主席
汪砚军颁发名誉主席荣誉证书

大洪拳在牡丹区非遗展演留念

喜迎国庆、情满中秋洪拳协会武馆学生表演现场

洪拳协会参加开封菊花文化节武术比赛

洪拳协会到泰安参加武术比赛

洪拳协会和江苏省射阳县武馆学生合影

洪拳协会参加沧州国际武术博览会开幕式表演

菏泽市洪拳协会近年部分活动照片及荣誉

洪拳协会参加江苏省丰县武术大赛

洪拳协会参加江苏省丰县武术大赛

中华武馆开业留念

中华武馆学生在牡丹区广场表演留念

洪拳协会参加牡丹区武术进机关活动

洪拳协会参加牡丹区武术进校园活动

洪拳协会参加武术进校园活动

洪拳协会春节期间在牡丹区黄堽沙岗集进行武术表演

菏泽市洪拳协会近年部分活动照片及荣誉

洪拳协会去清丰县李沙窝考察并在孔老先师碑前合影

洪拳协会去清丰县孟焦夫考察并在任老先师碑前合影

洪拳协会到洪庙考察

洪拳协会在朱楼朱凤君先师碑前合影

菏泽市洪拳协会到定陶区洪拳协会调研

洪拳协会和宋江武校领导合影

洪拳协会到鄄城二洪拳协会调研

洪拳协会参加 2021 年国际牡丹花会武术展演

洪拳协会在宋江武校和刘校长合影

洪拳协会在宋江武校和校领导合影

全国非遗日洪拳协会在牡丹区广场展演合影

天翊武馆在牡丹区广场参加非遗展演

洪拳协会参加省级非遗大洪拳武术系列活动展演

洪拳协会春节期间在乡镇巡回演出

鄄城大洪拳协会和郓城大洪拳协会合影

菏泽市洪拳协会到鄄城大洪拳协会调研

菏泽市洪拳协会近年部分活动照片及荣誉

大洪拳武术走进西苑小学

洪拳协会领导到鄄城看望老拳师张德正

菏泽市洪拳协会近年部分活动照片及荣誉

菏泽市洪拳协会近年部分活动照片及荣誉

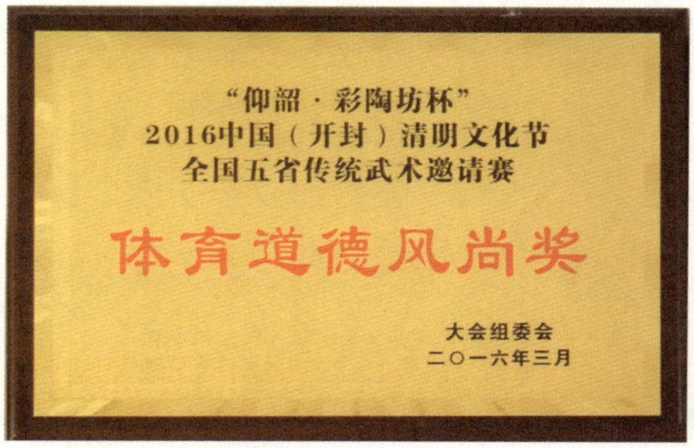
"仰韶·彩陶坊杯"
2016中国（开封）清明文化节
全国五省传统武术邀请赛
体育道德风尚奖
大会组委会
二〇一六年三月

授予：市洪拳协会
2014年度传统武术工作
先进单位
菏泽市武术运动协会
二〇一五年元月

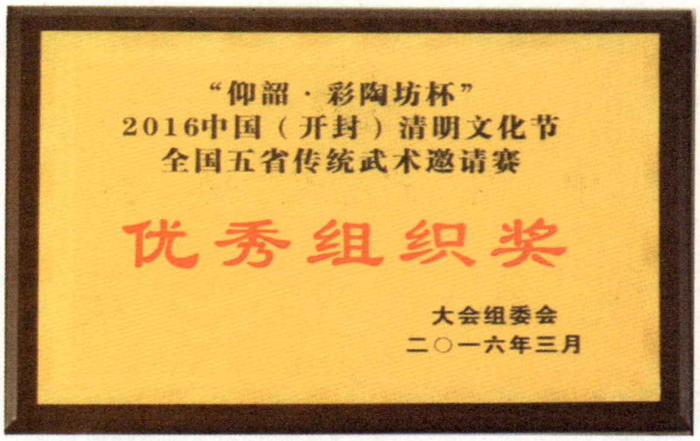
"仰韶·彩陶坊杯"
2016中国（开封）清明文化节
全国五省传统武术邀请赛
优秀组织奖
大会组委会
二〇一六年三月

2010"三建杯"第二届全民健身日精品展演
优秀组织奖
牡丹区人民政府
二〇一〇年八月八日

"淮海控股杯"2017年第二届中国·徐州国际武术大赛
集体项目 一等奖
中国武术协会
二〇一七年五月二十八日

授予：菏泽市八极拳研究会
2017年度武术工作中被评为
先进单位
菏泽市洪拳协会
二〇一八年元月

菏泽市洪拳协会成立10周年武术精品展演
优秀表演奖
山东省菏泽市洪拳协会
二〇一〇年十二月

2013海峡两岸中华传统武术（洪拳）邀请赛
优秀组织奖
二〇一三年八月

菏泽市洪拳协会近年部分活动照片及荣誉

菏泽市洪拳协会近年部分活动照片及荣誉

第四章
大洪拳基本拳理

大洪拳宗旨

　　大洪拳集儒释道于一身，集击技、健身、防身、救治于一体，崇尚武德，健身强体，以保家卫国、传承民族文化为己任。其宗旨是：习武德为先，不与人为难。要问武何用？健身为本源。克敌制胜是关键，洪拳绝技不乱传。更有先师传下的"十大拳规"和"习武须知"。

大洪拳十大规则

一、不准师令不遵，　二、不准欺师灭伦，

三、不准同场不睦，　四、不准私传武术，

五、不准傍门争斗，　六、不准夸己无人，

七、不准恃力欺人，　八、不准奸盗邪淫，

九、不准借师诈财，　十、不准聚众抗官。

习武须知

一、有恒心

　　学如逆水行舟，不进则退，学文者然，学武者亦然。我辈研习武事，期在深造，必须持之以恒，勿躐等求速，勿半途辍业。千里虽遥，跬步可至，彼畏难苟安者，终身无成就也。

二、守法律

法律为人权之保障，治事之准绳，凡我国人均应遵守。尤以我习武事者，更应束身自爱，奉公守法，否则恃强任性，轻启斗争，贾祸招忧，自贻伊戚，已成吾门之罪人也。

三、尚策略

有勇无谋武事之忌，昔项王以拔山之力，终至复亡，非战之罪，实智谋不足耳。角技比艺，剑拔弩张，胜负之机，不容毫发，如恃勇武，不尚策略，遇大敌心遭蹶踬。以阳用强，以阴示弱，取其长而闭其短，出奇制胜，必操左卷也。

四、勿骄矜

谦受益，满招损，古训昭然，信不我欺。况以世界之大人类之众，得天既有独厚，习艺复有专精，从来绝技不乏女流，自古奇技多出僧道。勿以貌取人，当深怀潜修。所谓良贾深藏若虚，大勇恂恂若怯，盖造诣愈深而涵养力愈大矣。

五、守信义

信义为立身之本，进德之源。昔季布一诺楚人谕以千金，关公三约匹马终于归汉，可见古人守信义之道，虽利诱势胁，不可变其志也。比年世风日下，人心日坠，尔诈我虞，转沾沾焉以手段自诩，古道不存，可为豪叹。言既出，努力方行，大义当前，至死不顾，则矫正颓风，庶有豸乎。

拳法历史与真传

此乃依寻常世俗之通称，故名之为拳法。其实各名家巨手，少有用拳者，试观练习之手法数百式，用拳者不得十分之一，即用拳者，亦不过握如虎爪，从未有五指齐握之平拳也。盖以平拳而出，乃见笑于方家之事，即以实用而言，平拳之制胜，力分而不能中要害，又何济于实用乎。兹将吾宗之拳法，叙之于下。

一、五拳之发源

大洪拳手技，以五拳为上乘，至精至神之术，非于此道有所悟人，或功夫欠缺，气力未纯者，皆不轻易传授。并非吝惜隐秘，因此中三味，不易通晓，即朝夕从事于斯，若不悟其用精用力之微，亦不过袭其皮毛，终无是处，此术学之所以非易也。

五拳之法，其前后左右，不过十八手而已，今详述如下。

先排步直立，呼浊吸清，挣腰鼓肘（此乃足肘），凝神听气，正体努目，此乃入手之内功。

朝天直举，解曰：以手朝上伸举，气贯三焦，左上则右下，两掌须平，掌心相印，名为朝天踏地，此为二手。

排山运掌，解曰：上式演毕，即将足排开（距离一尺余），用柳叶掌向前推排，左右前后次第推进，仍须力贯掌心，气入丹田，一有猛虎推山之势，此为四手。

按此与岳武穆之双推手法，其觉相类，不过岳系双掌齐出，此系单掌前推后应，微略异耳。

黑虎伸腰，解曰：前式一毕，收足正立，再开短马，两手仍作掌式，左右分推，由短马变为高马（后高，先低），必须以腰用力，两掌齐出，且伸满时两掌心与后足心更须相印，如足前后左右起落伸推，久则腰胳坚强，收功甚速，此为四手。

雁翼舒展，解曰：伸推毕，收马排足，略事休息，于是再吸气一口，下贯丹田，用手紧贴腰部，运腰力由下渐起，以平肩为度、如舒雁翼，且两手起时，足根随起，落则随落，腰须硬实，足尖得力，两手起时，隐觉气贯胸开，眩涨指热，方为得益，此为一手。

揖肘钩胸，解曰：此手先排正两足，再以右足或左足踏进一步，以阳掌平排揖下，至膝为止，先曲掌转力而至变为平掌收转时，以掌渐次作钩曲势，紧贴至胸，腰稍向后翻，使气注丹田，力鼓两肘拐，但揖下时，身须低伏，后足跟不可离地，此为气功之手，亦洪拳宗法之衣钵也，此为一手。

挽弓开隔，解曰：此与世俗所传之八段锦中，左右开弓似射雕，正反相类，其不同者在此系短马，彼系正立其效遂，相去甚速。如练习时，可依骑乘射球之式，腰须后翻，一字地盆即为合法，此为一手。

金豹露爪，解曰：上均掌式，此乃变为豹拳式也（豹拳式指之前中二节作钩勒形，大节与掌背平齐，亦拇指作曲形，紧贴掌边）。练时，如左手拦护，则用右手作豹掌拳，尽力冲击。两手循环练习，必须开声吐气（拳吐出之时，必须与拳力相应），两足仍作半马，用力与前无异（即腋力是也），此为一手。

腿力跌荡，解曰：前皆用手，此乃用足，其法有四。

足尖直踢，此跌足须稍低，高则无力而有弊，横腿扫击，此出横腿，其势如扫，身须取侧，收腿宜速而稳。

长腿高举，此腿法颇不可轻率施用，因此举起甚高，身法之虚空，在在堪虞，若遇名家易为人制，须练习精到，出落如风，始可免意外也。演时左右前后习之，必须力贯足尖为要，钩腿盘旋，此法脚尖由外向内钩盘，练时两足画大圆圈，身法仍以半马为宜。

以上亦为四法，合之以前为十八法，又名十八手。数百年后，乃有上人，得此而变化增益之，共为七十二手，即上段五式之各前十五手（三手重）是也，化散式而为整式，且参互错综于其间，以尽其法之体与用，亦吾宗之马鸣龙啸也，自是以后，人颇精于练习洪拳之名逐渐著。后有李公先明上人，融合旧时宗法，而创增为数百手，内外交练，遂成大洪拳之神妙绝技。

二、五拳之精意

龙拳练神，解曰：练时周身无须用力，暗听气注丹田，遍体活泼，两臂沉静，五心相印（即手心足心与中心是也），如神龙游空，曲伸不测。

虎拳练骨，解曰：练时须鼓实全身之气，臂坚腰实，腋力充沛，一气整贯，始终不懈，起落有势，怒目强项，有怒虎出林，两爪排山之势。

豹拳练力，解曰：豹之威不及虎，而力则较之虎为巨盖，以豹喜跳跃，腰肾不若虎之弱也，练时必须短马起落，全身鼓力，两拳紧握，五指如钩铜屈铁，故豹式多握拳，又名为金豹拳。

蛇拳练气，解曰：气之吞吐抑扬，以沉静柔实为主，如蛇之气，节节灵通，其未着物也，若甚无力者，一与物遇，则气之收敛，胜于勇夫，有经验者，自能知也，练气柔身而出，臂活腰灵，骈两指而推按起落，若蛇之有两舌，且游荡曲折，有行乎不得不行，止乎不得不止之意，所谓百练之钢成绕指之柔，即为此写照也。

鹤拳练精，解曰：此拳以缓急适中为得益，盖以鹤之精在足，学者法此，故练习时，须凝精铸神，舒臂运气，所谓神闲志暇，心手相忘，独立华表，壁悬千仞，学者瞑心孤往，久练精熟时，自然于言外得之，非仓猝而所能领悟也。能于此五拳习之既精，则身坚气壮，手灵足稳，眼锐胆实，倘与人搏，出其一指半足之功，便可压倒群流，如至乎神化之境，则其效更有不可言者矣，在学者苦心孤诣，求之幸勿视为小道，而弃于半途也，弃与不学等耳。

三、附述

（一）用力暗诀

力以用而增，气以运而实，力从气出，气隐力显，无气则力自何来。俗家之力其来也猛，而其著实也多浮而鲜沉，名手之力，其来也若在有意无意之间，而其抵隙沾实之后，全力一吐，沉重若山，可以气透肤里。习之既久，自能知晓，用一掌或一拳之打击，手一着力，则气有三亭，一亭于肩穴，二亭于拐肘，三亭于掌根，如是而求力，能贯透指颠或掌心难矣，至于柔运之力，则与此不同，一举手则全身之力奔赴于气之所运，所谓意到气随，速于声响，精确之功，学者可以悟矣。

（二）地盆与桩步之别

地盆，桩步，其用如何，有无同异，请稍为言明，使学者有所矜式而得用力之方，此事最易辨别，惜人不加察耳。地盆者短马也，桩步者半马也，地盆为练习时之用，桩步为临敌时之用；故地盆有一字八字之别，桩步则有子午丁字（又名长三式）之分，子午之式，如长三形，而后足稍平（与丁之后足同），丁字式，则用之者少，以其略有不便也，子午桩法，不惟南北无异，亦不能外也，顾以足之立地形势，只有此数，不能特创新奇耳。

（三）眼法与听功

拳术以眼为第一要着，故眼力钝视之人，万不能练习，以应敌易于受制也。谚语云，此道无他谬巧，在眼尖手快胆稳步坚力实五者而已。此虽为浅近之语，然与此五者，真能无所欠缺，则应敌切实受用不小，初学步者，宜先于此五者加之意也。各家眼法常有参差不齐之处，关中派谓与敌遇，宜先用眼光注其肩窝；洛派则先以眼视敌之胸膛；北派则谓敌之手尖或器物之端，须先凝注；川黔湘楚等技家，则谓须己之眼光注视敌之眼光。此等之法，俱各有精妙自得之处，不能妄评其优劣，总以融会诸家之长，而以锐利为最要。故大洪拳之法，高出于各家之上而不同者，在平素之内外结合，心定神清，眼力到处，威如猛狮，锐若鹰猿，其妙境不可思议。至于注射之点以敌之眼光为鹄，手尖物尖，不注自注，习之精熟，自能解悟，浅则不易知也。

　　听法乃防敌之扼背，或暗狙袭击，能听则仓猝有以避让，不致于受敌也，要知听法仍以武功深者为易，功高之人，听及毫末，上人李公先明，听阶下之蚁语，响若牛鸣，到境界，区区之听功，渺尔微尘，不足道矣。

大洪拳的风格特点

一、大洪拳的风格

大洪拳阴阳结合，刚柔相济，以刚为主，舒展大方，结构严谨，朴实无华，既有大开大合，又有小巧玲珑，发力疾快，连打连击，造型庄重，注重基本功的练习，并且不受场地的限制，有"拳打卧牛之地"之说，发拳有穿山洞石之意，落步有入地生根之情，奇正兼备，系统全面。

二、大洪拳的特点

撑斩为母，尽八法之变。撑斩即架打、劈打之法。八法者，撑、斩、勾、挂、缠、拦、沾、挎八种打法。如言撑，则有左右单双，云撑斩之数，斩则不离里外双斩，腋当提，破头单岔，弓步、并步之异。洪拳打手和套路处处显示了以撑斩为母，八法为变的特征（作为常识来讲，拳套中出现最多的势法，即是最核心、最基本、构成吾拳特点的势法）。

势正行美，论其势正（静止姿势），武勇雄强，则有撑补裙拦、挑亮、靠山、斜飞、跺子、雀地龙、分心掌、打虎、跨虎、对口、贯捶、贴墙挂画、封侯挂印、夜叉探海、石佛大卧等。论其行美（运动动作），机捷之高变，则有缠腰、戏腰、丁膀、扯钻中平之势，贴金、照镜、托天、括柱、显圣、锁口、抱头、贯耳又系上盘高势，燕子衔泥、雀泥、穿帘、雀地、脱靴、拔葱、捧盘、括笋、旋风则又低势上盘之属，奇正错落，相佐相倚。

繁华藻丽者，以八大组势为基础。法连势密，迭出纷呈。花子组有步定身动，两手穿掌绕臂，缠头挂推，似叶绽花开，亦有大小之分。手法有二步多动，轩手击臂，麻掌拍髀，声势雄壮，置之不理十响的十面埋伏势。横击组有挂手掏腮，卸手缠腰，搬拳锁口的缠腰横势。腿法组有起伏分明、斩折疾劲的麻手包脚，提包反背，海底旋风腿势。典型姿势有摆头拧腰，领臂抖腕，被形容为鸡腿、龙身、凤尾虎抱头的裙拦势（丁虚步勾手亮掌势）等不一而足。

扁身远击，雀身筋柔，强调了洪拳的两种特殊身法（扁身、雀身）。扁身，即侧身换膀，拧腰振髓之身法。在打手跑拳的运用上被形容为"膀却无膀，无膀却有膀，丁膀不见膀，手去复探膀"。可放长击远扬长拳之风。雀身俯身低势以显其柔，上掠下取以示其巧。

闪展腾挪，刁打巧击。拳势中纵有直闯硬进，强攻中路之势，然多两厢闪击正打倒取之法，层出不穷。

劲尚脆快，而兼气柔。

训练方法

　　以八法为规，创九拳增补百手排子相辅并习，拳家则操达变之机，剖势（套）解，至视胸防腿（或步），视屏防手。

　　八法者何？手法有撑、斩、勾、挂、缠、拦、沾、挎；步法有弓、马、偷、夺、即、窜、踪、退；棍法有封、摩、揭、挑、搬、提、裙、拦；枪法有封、闭、捉、拿、橹、提、缠、还；刀法有提、扎、撩、砍、滚、摩、擒、拿；鞭法有遮、拦、横、领、劈、刁、打、缠等。形成了洪拳八字八法，为拳械打法核心的体制。

大洪拳十二起势法与落势法

十二起势法与落势法，是按天地阴阳练其真功，观其龙虎虫鱼，各有穿山越岭之形，后传即依五行为主，十二形为根本，五行外应五官，内应五脏，主具五拳，辅具五拳，共十拳。五行者即金、木、水、火、土（为天地五行）。十二形即鸡、鹞、燕、蛇、龙、鸵、虎、猴、马、鹰、熊等不同起势落势。此资料是马体林老师从朱效璋老师拳谱所抄，因历年演变，保管不善，字体模糊，含义不清，字有遗漏和欠缺，很难免不当之处，今把此大概（按原文和补充）摘抄于此，以备后学者作一参考。

一、鸡形

起势法：右脚提起要摩颈，前手一出为泰山，四指分开虎口要圆，后手只在心下藏，头垂肩、心为主，动中有静，虚实分明。

落势法：前脚横，后脚顺，双脚齐出，蹬腹或胸，落时如剪子股式，可取食虫，所谓鸡形采打莫留情，脚手齐出后手随，紧防前颈与前身。

二、鹞形

入林势：鹞子入林束身去，追风赶月不放松，摇头摆尾身轻快，身落提物捉食虫，翻身旋转灵机动，五行四梢要分明。

翻身势：闪躲摇身窜，翻身紧相连，回头把月望，疾速把人伤，枪、刀、剑、棍随时用，手执器械不慌忙。

三、燕形

起势法：燕形站高脚提起，右手只在脐下藏，前身似落抄水势，心平气稳意不忙，前脚进步束身去，料敌虽勇难躲藏。

落势法：燕形进身蹲小势，前手搜裆用阳手，后手只在肘下藏，进步撕膛紧闭上方，眼明手快，柔中有刚。

四、蛇形

起势法：右手上拿肩齐，左手随胯紧相连，左右随脚进，两手在其间，灵之与腰，疾快速然，毒蛇吐信，难以遮拦。

落势法：肩打进身往上顶，后手垂腕紧相连，打人全凭精灵气，速长二字在脚前，怪蟒翻身，疾入洞间。

五、龙形

起势法：斜身跃步随身起，两手只在胸中藏，手起如风响，身起云雾行，一身疾去快如箭，追风赶月不放松，为百草翻浪，一气贯通。

落势法：龙形斜身起，前脚横后脚顺，前手一出，肘手随发，进步采打，右手似箭，恰如龙形，翻身惊恐霹雷响，料敌原恐难躲藏。

六、骀形

起势法：肫尾身直精灵气，两拳阳平肋下藏，两手一出十字架，起时过顶自分明，吞吐开合贯一气，掌握内力方为能。

落势法：两拳分落脐下藏，气随手走落丹田，转身移步拧身进，后脚跟随紧相连，二目锐利似捉物，心静气平方为先。

七、虎形

起势法：虎形提势脚摩颈，两手阳拳肋下藏，双拳并举口前出，起如举鼎与眉齐，内要抱气外要随，以气推力显虎威。

落势法：两拳紧并四梢停，脚手齐落如分砖，二手指与心齐，手心要凹虎口要圆，成其方、艺业先，虎声啸、令人惊，力随气发方为能。

八、猴形

起势法：猴形摇身步法随，两手上攒口前出，闪转跳跃身不定，视看猴行快如风，前后转身站无形，左右隐匿若无形，摇头随眼有灵通。

落势法：猴形出手脚提起，两手只在身前出，转身小势随时用，攒翻高低抓出用，左右转身站无形，行走低、跳之高，落地好似卷地风。

九、马形

起势法：马形横身攒蹄摧，前蹄要起后蹄随，浑身抱气肫尾动，两拳直抱口前出，换式阳拳用，腕力随后行，好似环马一力精。

落势法：英雄威烈迹蹄跑，两拳上攒与眉齐，马跑行步脚手落，两手只在肋下藏，前蹄抱后蹄随，野马撞槽抖神威。

十、驼形

起势法：驼形出势提脚起，两手只在口头出，前手紧扣与眉齐，后手只在肘下藏，前手阴后手阳，一招一势不慌忙。

落势法：脚手齐落后手随，两手阳掌不离腕，浮水似蛇形，起动飞如风，疾速快，有灵通，转身回头葫芦形。

十一、鹰形

起势法：鹰形出势束身起，两拳只在口下藏，捉食全没双翅起，脚手齐落是正放，眼看三尖，远近有方向，起落贯一气，料敌难躲藏。

落势法：鹰形落势两翅扇，脚落收势不为难，头颈露自警式，两脚抓地力自然，爪似铜钩，翅如铁扇，翻身诱敌难遮拦。

十二、熊形

起势法：出洞入洞老熊形，起站全凭后足蹬，熊往上看有拦像，肫尾往上起，足力往下蹬，硬立不可前跌后仰，一气丹田，三节力贯通。

大洪拳二十四法

洪拳一站一身分八个字每字分三法，三八二十四法，八个字即一顶、二扣、三元、四毒、五抱、六坠、七月、八挺。

一顶：头往上顶，舌尖顶腔，手掌往外顶。脚提起，肫尾提起，如平飞而起。高行一丈，身落如燕子穿林，头往上顶有冲天之雄，舌顶有吼狮吞象之容，手顶有推山之功。

二扣：肩尖要扣手，脊背要扣腰，手足背要扣，三扣身法为千斤，肩扣则气力到肘，脊背扣则身快力疾，手足扣则助力厚。

三圆：虎口要圆，脊背要圆，胸腰要圆，明了三圆加一功，身法是正式，脊背圆则力推身，胸圆则内力全，虎口圆则勇猛外喧。

四毒：心要狠毒是空艺，眼要狠毒是正行，手要狠毒是疾快，若动手不毒是无意，动手不留情，留情是无能，心毒如狸猫扑鼠，手毒如扑羊之虎，眼毒如扑兔之鹰。

五抱：心中要抱身为主，丹田要抱气为根，两手要抱艺为真，三抱身法是统一，心中抱遇敌心中不乱，丹田抱气不外散，两手抱出入灵便。

六坠：气坠丹田意为主，肩往下坠意为根，肘往下坠力为先，明了三坠加一巧，有人解开其中意，奥妙之中是无穷，气坠则力自上升，肩坠则抖膀能精，肘坠则推手不空。

七月：胳膊似弓要像月牙，两腿略曲像月弓，手腕屈曲像月形，明了三月加一精，一势精百势精，五行四梢要分明，胳膊月则力富，腿月为灵便，手月则能力厚。

八挺：脖颈要挺头直正，身法要挺分四面，腿膝要挺为扎根，明了三挺加一法，三八二十四法为一宗，脖挺则精气贯顶，身挺能力达四肢，腿膝挺能增加弹力。

以上即吾拳二十四法。

明三节、齐四梢

　　人的全身分为三节，手肘为梢节、腰腹为中节、足腿为根节。再进一步，三节中，又各分为三节。如手为梢节之梢节，肘为梢节之中节，肩为梢节之根节。胸为中节之梢节，心为中节之中节，丹田为中节之根节。脚为根节之梢节，膝为根节之中节，胯为根节之根节。三节之要诀是"梢节起、中节随、根节追之"，即起、随、追三字。例如冲拳之动作，拳为梢节之梢节，拳起动后肘（中节）随肩（根节）追，只有这样才能发力顺达。向前进步时脚起、膝随、胯追，这样重心前移，十趾抓地稳如泰山。《大洪拳拳谱》曰："梢节不明恐中人擒拿，中节不明遍身是空，根节不明恐中人之盘跌，故三节贵明也。"明梢节指两手互换身心相随，互为救护的意思。明中节指手不离心肘不离肋，高挑低压左右拦裹的意思。如"手起撩阴，肘发护心，"身随手动而已。要知远近，明老嫩，手到身到，步变身转，不给对方进击的空隙。明根节指进步低，退步高。进步低，可避免被对方勾、挂、挑、搬之患，退步高，可避免对方勾绊，利于进退。起随追三字十分精确、恰当。三节贯成一气，进退得法。如根节，退步时，膝随胯追，身体重心后移，十分协调，否则，步进身不进，步退身不退，手法再熟也运用无力。因此，对三节必须明了的地方，就是手脚身的精密配合。在击打时心勇而进拳进身进步，全身之力集于拳面，就会迅速。大洪拳之动作都是全身三节（手、身、脚）配合行动，进退击打之时皆带身法，身手脚步内外融为一体，此为练习之要诀。拳谱曰："上法须知先上身，脚手齐到斯为真，拳中有搓谁能解，明了其意妙如神。"此即脚手齐到三节贯一。拳谱中指出："手到不如身到，身到不如心到，先到以心，后到以身。"犹如写字，意在笔前，出必中的，心一动而百体从令。三节明内外合，克人就无有不利。三节之理论，初看简单，细察则玄而又玄，非精研熟琢，细细体察，是不易达到高水平的。

四梢是血梢、骨梢、筋梢、肉梢。发为血梢，牙为骨梢，舌为肉梢、甲（指甲）为筋梢。四梢齐，指齐而发力，是发欲冲冠，齿欲断金，舌欲摧齿，甲欲透骨的意思。拳谱中说："明了四梢加一力。四梢齐则内劲出矣。"其要义在于：意识引导气血达到这些部位，从而凝神聚气，使身体各系统发出更大能量。心里想着四梢用劲，使身体各部位有所应答，再经过神经的反射作用，传到大脑，以对动作进行调节，故能齐力。因此"发欲冲冠"之时，头必有意识上顶，这样不仅避免了低头探腰的毛病，而且因气贯毛发，加速毛细血管的代谢，增加了肌肉做功的能量。所谓明了四梢多一力，就是这个意思。又如"牙欲断金"，就使面部肌肉处于紧张收缩状态，增加了有关肌群的收缩力，紧扣牙齿以集元神。"甲欲透骨"，意识上把力贯在指梢指甲上，气血充至指端，以利于劲力的发挥。从攻防角度上分析，劲发四梢也是科学的。如"牙欲断金"时牙齿紧扣，而"舌欲摧齿"时舌在齿内，在对抗时即使下颊受到击打，也不会磕牙及咬自己的舌头。舌顶上腭，利于唾液的分泌及全身力量之贯注。设想四梢用力时，由于意识引导相关部位紧张，该处毛细血管的代谢交换一定加强，其协同肌和对抗肌也必配合工作，因而必然使代谢加强、内分泌增加，心肺等系统加强做功，产生较大的能量。所以，齐四梢后，感觉击打格外有力。试将四梢集之力放松，就明显地感到松劲。此与易筋经之静力肌肉用力收缩有相同之义，和气功有内在之关联。

洪拳老前辈当时虽然不可能有先进仪器测试四梢齐引起的血液、生物电、呼吸、代谢等方面的变化，但他们根据自身丰富的实践经验，总结出科学的四梢齐发力方法，以增强锻炼身体的效果，这的确是难能可贵的。有四梢齐之论述如下：四梢齐则内劲出矣。齐之之法，必其发欲冲冠，甲欲透骨，牙欲断金，舌欲摧齿。心一颤而四者至，盖气从丹田而生，如虎之恨，如龙之惊，气发而为，声随手落声，手随声发。故一枝动而百枝动，则四梢齐，劲力无有不出矣。

五行在武术中的应用

　　五行指金木水火土。古代一种学说认为自然界和人体都可用五行生克变化的学说进行解释。武术界也应用五行学说解释五官、五脏及攻防变化生克的方法。五行相克，五行相合。五行外应人之五官，内应人之五脏。肝属木，在五官上开窍于目；肺属金，五官上开窍于鼻；肾属水，五官上开窍于耳；心属火，五官上开窍于口舌；脾属土，五官上开窍于人中。而最宜知者，手心通心属火，鼻尖通肺属金尤不可不知。火到金化，自然之理。火到金化，指手打鼻疼，火能克金。

　　五行相生指金生水，水生木，木生火，火生土，土生金。金代表肺，生水，指肺强气壮能助肾水足固，动作自然疾快，以气催力之理。水代表肾，生木，指肾水足能养肝。肝强，自能目光锐利有神，且肝为养血之府，肝强而筋爪利，所以说肝动火焰冲。只有耳聪目明，才能指挥手足随心所欲，纵横往来。因此，武术界有养精化气、养气化神的说法。肝通于目，目为先行，所以目之强弱，有赖于肝。而在五行学说中，肾，又为肝之母。木生火，心属火，所以说肝动火焰冲。目视心生，眼注视后心意动，心意动后气血即运到进行击打之手足，所以说心动勇力生。因此，肝强而目明，目明而勇力即生。火生土，脾五行属土，为五行之主，万物土中生，脾胃是人体代谢的基础，心动（"动"指思想，如攻防击打的意念）时物性系统各器官即增强代谢，以适应肌体做功的需要。心就是指神经系统。心动能加强脾胃做功，因而说"火能生土"。"土生金"，金指肺脏。土为五行之母，脾胃吸收营养，只有营养充足，代谢才能加强，肌肉才能强劲有力。人体一切活动都依靠营养代谢供应能源，所以说"一身之望属土"。脾胃机能良好，肌肉收缩有力，肺活量增大，从而适应气体代谢的需氧量。因人的力量有赖于气，所以俗称"气力"。气壮力大自然之理。气血运行，为人体生命活动、肌肉做功的必要条件。练习武术就是运气血，以达到随心所欲、心到气血即到的目的。脾胃强而营养足，营养足而身强，身强而气自壮，所以说"土生金"。

知道了五行相生的理论，还要懂得五行相合的理论，把五行练成一家。五行相合就是指"合而有助"的道理。《大洪拳拳谱》中说："耳与心合多益精，目与心合多益明，口与心合多益勇，鼻与心合多益力，手与心合更疾快。"合而有助之说，具体解释为："耳本聪，用心听者，听着以审而有以增，益其聪也，余类推。"这里强调的仍然是心的作用，心指意识。五行相合一气，心一动而内劲生，所以讲心合而五行益其精。

五行相克，有几种含义。第一种含义指攻防之中运用五行生克的理论。拳谱曰："横来者没有竖劲，竖来者没有横劲。故横来者可以竖破之，竖来者可以横破之。"以横破之，五行相克，互为制约。

五行相克的第二种含义是封闭对方之五官，攻击对方之五脏，克制对方之五行。大洪拳拳诀说"二人相争、先闭五行"，就是指要闭自己的五行，以克制对方之五行。对此有两种理解，首先是指闭外五行，即保护好五官和五脏，不给对方可乘的空隙；其次是用五行生克的道理处处克制对方，使对方处于被动地位。例如目通肝，五行为木。金能克木，肺属金，肺动沉雷声，先声夺人，发声使惊怪，彼一惊，则目光恍惚，必受制于我，此即是以我之金去克对方之木。余可类推。又如心动勇力生。心五行属火，火能克金。对方如果不为惊扰所动，而且心勇目明，自然能够抵御我以声克他之法，此即是对方以火（勇）克我之金（声），因此拳谱说"火到金化"。水能克火，肾属水，肾动快如风。例如对方虽勇猛，但我不为对方之勇所屈，而以疾快胜之，使其勇无有得出而即被我所阻截，这就是以我之水（肾）

破对方之（火）。但是要注意，克制五行的方法在运用时，还必须加以合自己五行的方法共同运用，如此互为克制，生克变化无穷。生克是辩证的统一，对立面相互转化互为因果，胜负之道系于其中。这里面的重要诀窍是，处处争取主动，使矛盾向有利于自己而不利于对方的方面转化，使对方处处被动。闭自己的五行，就是指肘不离肋手不离心，这样肘手就处于防御对方攻击，保护胸胁，即保护五脏（五行）的有利地位。克对方的五行，就是指封闭对方的五官，先封其目。

　　武术前辈常说："手法千变万化，总不外乎两个圆圈，一个是立圆，一个是横圆。立圆如车轮，两手前滚打，横圆如转磨，两手横环打。"立圆为竖而竖中有横，横圆为横而横中有竖。横圆为裹、捋、贯、格、捎、横、截、托等拳法，立圆为劈、崩、挎、炮、冲、挑、板、定等拳法。以竖破横，以横破竖自然之理。所谓生、克、化的道理，例如对方用劈劲击来，属金，犯上属火，火能化金，所以要用袖捋、斜打横格之劲化对方的劈劲，进而连续用向上斜击的方法破之，使对方旧力已过新力未生之际受击打而难于变化。简而言之，五行生克为：金能克木能生水，水能克火能生木，木能克土能生火，火能克金能生土，土能克水能生金。

手眼身法步（外五行）在拳术中的体现和应用

　　大洪拳和其他传统拳种有许多相同之处，也就是先练其形、再练其神、神形互促、神形双修。

　　手眼身法步在武术当中具体呈现其习练水平，各有各的要求和作用。

　　1. 手，是人体上的一种"兵器"，可攻可守，可拳可掌，可以根据进攻或防守的各种需求变换不同的手法去应对。大洪拳的每一个进攻动作都有起、追、催三势。从手的角度讲，就是手起、肘追、肩催，这也是出手不可断裂的一个劲力链，一个加速器。在防守时手要随势、伸屈、滚落、翻转。大洪拳有单独的进攻，也有单独的防守，更有攻防结合及相互转换的手法。

2. 眼，为见性，要有敏锐的观察力和洞穿力，盯住目标，仔细观察，正确判断，果断出击。正如古拳谱所说："洪拳眼法活锐盯，死盯对方全身行，以目注目审敌势，敏捷判断手足行，两眼灵活观八方，眼脑心调战成功。"

3. 身，是人体的枢纽。拳谱曰："眼到手到，手到身到。"身为整个身体三节之中节，如中节不明，则全身皆空，起落进退，反则收纵，闪展腾挪，尽在身法。

4. 法，即方法。练习方法正确与否直接决定着练习效果的好坏，眼、手、身、步、技等方法的相互协调、相互结合构成了大洪拳拳法。其练习方法分为定势练习法和不定势练习法。定势练习法就是按照固定套路一招一势地练习，而在实战运用时就没有定势，定势是不定势的雏形和基础。练习定势也是为了以后不定势的需求，从定势到不定势是循序渐进的过程，从而达到用时无定势。拳谱曰："以有法（势）为无法（势），无法之法方为妙法。"

5. 步，是人体三节中的根节，乃人体支撑之根本，也是人体的重要"兵器"之一。大洪拳的桩功及其整个根节的技法就充分体现了这一点，要求步之出入紧随手，动如风，似脱兔；定如钟，如盘石。

习练外五行，主要是练习动作的协调与配合。起要展身而起，落要缩身而落，起如举鼎，落如分砖。进步要低，退步要高，步到身到。翻身顾前后，侧身顾左右，收如伏猫，纵如猛虎。

精神气力功（内五行）在拳术中的体现和应用

1. 精即精神，洪拳功夫的精神主要从身体的四个方面体现出来，这四个方面就是"四梢"，发为血梢、牙为骨梢、舌为肉梢、甲为筋梢。在出拳的同时四梢齐发。

2. 气即气息。何为气？一呼一吸为一气，呼吸与动作的开合收发是相互照应、相辅相成的。吸为合落，呼为开起。在收发中，收为吸，呼为发。吸时犹如万道钢绳缠身，呼时用万钧之力抖身而发。呼吸调整得是否得当、运用得是否正确，直接决定着出拳的力量和速度。古人云："练拳先练气。"首先要气沉丹田，使身体重心下降、步架沉稳。气沉丹田，还要意守，就是排除杂念，注意力高度集中。

3. 神即神韵。练其形需有其神，是为韵。古拳谱云："头如猴行，身如龙行，步如鸡行。"也就是说在练拳时，头要有灵猴般的灵敏、多变，身要有神龙般的矫捷、灵活，步要有雄鸡般的轻盈、沉稳。

4. 力是力量。大洪拳在发力上有其独到之处，有独特的发力方法。

5. 功，"练拳不练功，到老一场空"。功者按武功论，分为外、内、软、硬、轻等功夫。也就是说，只讲有形的架势，没有刻苦的功力训练，想拥有绝技真功，无异是到老一场空。武功，苦功也。"水滴石穿，十年磨一剑"的雄心矢志精神，按时而论，功到自然成是指日积月累的苦修，是深悟、磨炼心灵与皮肉之苦的综合成果，没有持久的决心、顽强的意志，是达不到顶峰的。

六合练身法

内三合：心与意，意与气，气与力。

心为主宰，心之动为意，意之源于心，气为帅，力为将，心意相通气力才能有效发挥，气有督促之功，力有攻取之能，心、意、气合一才能使整体发挥出最大的能量，产生出无坚不摧、无往不胜的气势。

外三合：手与足，肘与膝，肩与胯。

手与足合，是说脚手齐到，协调一致，才能发挥更好的作用。俗话说："手到步不移，定然打去迟。"只有手足相合，才能有效攻击目标。

肘与膝合，指两肘下垂，与两膝内扣相合，上下相随，劲力才能和谐，变化才能灵巧。

肩与胯合，是指左肩与右胯，右肩与左胯的左右和谐与相连，形成一个内在的力的支撑，在力的转换过程中，使身体始终保持重心稳固。

六合就是使内外合一、上下一致，产生高度的协调性，发挥出最大的效能。

八大身法的灵活运用

身法有八要：起、落、进、退、反、侧、收、纵。吞吐、折叠包括在八要之中。洪拳拳术要求身法灵活。

一、起落

《大洪拳拳谱》曰："起落者，起为横，落为顺也。从落到起，向前上步或纵跳之过程，是由横变顺拧身而起，正面对前方，所以说起为横。落时两脚前后站立，侧身对敌，所以称落为顺。起时横拧利于发向上之钻力，落下顺身利于发劈打时的顺劲。起如举鼎，落如分砖。"起如举鼎指向上的力，如举大鼎；落如分砖，指下落的劲，足踩手劈，如要把砖分开那样的力量。

二、进退

进退是技击术中进退攻守趋避的方法。进击要如闪电那样疾快，失势退避时要如被火烧着那样的急速。拳诀中曰："进步捷如风，失机退宜快，乘势侧锋入，身稍向前迈，掌实即须吐，发声使惊怪，变化如蛟龙，迟快分胜败。"此诀指明进退的要领在于疾快，可与前面闪电火烧的比喻共同参考理解。趋是指进，避是指退或闪躲。进时要乘其空隙向前或从侧面（避其锋）进击。失势（指未击着敌人而有为敌人所乘之隙时）即退避，如连步疾退、移闪退避、飞身后纵跳出等方法，总之要以轻巧疾快为好。秘诀中曰："进逼乃取势之法，趋避为乘机之地。兵法所谓避虚击实、声东击西等语，无一不与此道息息相通。无论如何技精力足，总不能不有所趋避，因有所避而有所趋，此为一定之理。趋左则避右，声东则击西，随敌之动以为方，观敌之机以为用。明于术而不拘于术，击其要而不见其迹，此真可谓变方无方、心手两忘、神而明之，存乎其人者也。"可谓是攻防的妙论、进退趋避的要诀。拳诀曰："趋避眼须快，左右见机行，趋从避中取，实自虚中生，山重身难压，隙开莫消停，势猛君休恐，四两拨千斤。"进退虚实避趋与腾挪、借力还打，要灵活运用。

三、反侧

反侧即是翻身顾后，侧身顾左右。拳谱曰："若遇人多不用忙，打前顾后是老方，来来往往休停立，乍敌三方战一方。"又曰："拳如炮，龙折身，遇敌好似火烧身。"这些都是有关身法反侧的要诀。打法中的童子拜观音，突然回身，出其不意，攻其不备，就是应用反侧顾打的方法。侧身顾左右以腰为枢纽，力从丹田而起，经腰而发力于四梢，因而要求腰灵活有力。束身而起时摇膀、拧腰，横身抖膀而起，起前手带后手，落时拧腰劈打脚踩而落。拳中龙折架压钻劈之法，侧身多用拨挂束裹之劲，都要身法灵快，脚手如风。要练出惊人的战斗力，必须在快字上下功夫，疾快被比喻为如肤（皮肤）触火星，如梦里忽惊，如炮之猛烈，如雷电之迅猛。反侧，与三节、四梢、五行、六合等方法共同运用。

四、收纵

收纵指敛（收）如伏猫，放如纵虎。敛是束吞之劲，纵是吐放之力。要求身法中正平直，可参考三节法理解。例如束身、含胸、收提等势都是收的应用，长身、击打、跳跃都是纵的运用。左移右闪、进退挪腾都要以纵贯之，必须内提外随，内外合一。

以上身法八要中，起落、进退、反侧、收纵都是相互对立、相辅相成的。高其所以为高，正是因为低的衬托（束纵即是高低，余类推），正是这种矛盾对立的反差对比，才充分体现出身法的灵活多变，"熊经鸟伸"的独特风格。身法八要，是老前辈多年总结出来的精辟见解。

常用步法

步法指寸步、蹉步、过步、快步、剪步。如二尺远近即用寸步，寸步者，一步可到也。如四五尺远，即用后脚蹉一步前进，步形不变，至于身大力勇者，起前脚带后脚平飞而去，非跳跃而往也。如遇人多，或遇有器械，即连腿带脚并剪而上，也就是平常说的彩脚二起、摆莲、箭弹之类动作的应用。在与人击斗时要注意远近、懂得老嫩。争斗打人时，距离对方远了叫嫩，过近叫老。更要知道进步低、退步高的要诀。步法要做到轻利稳健，手脚协调。能够运用自如、随心所欲、才算得到了其中的奥妙。练习套路时，步型要准确。攻防对练时则要适当缩小步幅，以利于进退。要做到灵活适宜，千万不要造成步法呆滞僵硬的弊病。步法的精妙，全在于平时的勤苦练习，只有功夫娴熟，在应用时才能得心应手、随心所欲、动不露形。

洪拳练气运使

每朝清晨，面向太阳，吸气三口，然后运气，下运之脚心，上运之昆仑，手之出入足之进退，身之左旋右转，起落开合，练成一气。习之纯熟则三节明、四梢齐、五行闭、身法活、手足之法速。由是讲明眼位，分清把位，视其远近，随起老嫩，你来我来、你去我去，接取呼吸，一动即至。盖运气则贵乎缓，用气则贵乎急，取去则宜于呼，接来则宜于吸。身以滚而动，手以滚而出，捶打不见形，见形是无能。此中玄妙理，只在一呼吸。

诗曰："气出丹田手撩阴，气提手起紧附身，至口翻手随气发，气回手握步即存。"

洪拳练气

气功之说有二：一养气，二练气。养气而后气不动，而后神清，神清而后操纵进退得宜。于是一套自如的制敌方法在气功练习中自然地不知不觉地形成。以道为归，以集义为宗法，练气之学，以运使为效，以呼吸为功，以柔而刚为主旨，以刚而柔为极致。及其妙用，则时刚时柔，半刚半柔，遇虚则柔，临实则刚，柔退而刚进，刚左而柔右，可谓刚柔相济、虚实并用也。

一、运使

运使就是练气。练气方法以马步为好（站桩），以身之上下伸缩为次（腰、肾坚强，起落敏捷，将来练习拳法之时无腰痛腿颤之情形），以足掌前后踏地，能于危狭之处而挽不坠为效果，虽足二寸在悬崖而坚立，不能使之动摇。究其足掌前后踏地须久练，功夫才能达到。而平常人的足掌前后踏地则不能相应互索，气多上浮，上重而下轻，脚下自然不实，飘然无根，而无根之木，应手即倒也。综上而论，乃练足之法。

恰如俗语云："未习打，先练桩，练拳不练功，到老一场空。"这些扎根于民间、流传于武林之中的俗言土语，异常浅显，初步地概述了这样一个道理。如能于马步桩功练出纯清功夫，则能气沉丹田，强如不倒翁，而后再进入技法功夫的练习，必定能收效甚大矣。

二、呼吸

肺乃气之府，气乃力之君，因此谈到力，就离不开气。大凡肺活量大的人，力量也自然大，肺活量小的人，力量也自然小。因此练拳的人，一定要练好呼吸，也就是动作和呼吸，一定要很好地协调配合。

呼吸四忌：

一是初练时不要太猛。初时以呼吸四十九度为定，以后慢慢递增，但不可一次超过个人肺活量限度。

二是不要在烟尘污浊之处练习，而要在清晨、傍晚，室外空气新鲜的时候练习。

三是练习时尽量要让气从鼻孔出入。开始练习时，也可用口吐出肺中之浊气，再呼吸时宜一气到底，尽力吐故纳新，气力日可增长。

四是呼吸时忌胡思乱想，思想不集中。人体气血虚则行，实则滞，如果思想涣散，则气必凝结障碍，久之则出现气痞之病。

以上四忌，须谨慎避之，待气之成功，则全身之筋脉灵活，骨肉坚实，气血行动可随呼吸以为贯注。如欲气于指头、臂膀，以及胸肋、腰肾之间，意之所动，气则赴之。倘与人搏击，则手足到处，伤及肤里，乃气之功用也。

练成二十四字法

扳唤搅撂、移身闪站、有无虚实、筋擎懈绽、呼吸动静、迎风转换。

一、扳唤搅撂

扳者，反手打去也。唤者，叫也。叫之动而观其可以来也，叫之不动而即动，则将迎风转变其术以取之可也。叫之动而彼不动，即使先人一着，紧人一步，遂使日月无光而盲乎莫睹也。搅者，阻也，究其来而阻之使不得前进也。撂者，搂也，乘其势而搂之，使不得不退也。扳唤使于未动之先，搅撂使于己动之后。必须视其头先来，手先来，脚先来，或高或低或左或右随势打势，得门飞入，最忌思揣。手起撩阴，脚打膝分，足起望膝，膝起望怀，肘起护心。

诗曰："未用扳唤先秀身，眼位身法要定真，迎风使去方为妙，接来送去始知神。"

二、移身闪站

移身者，将身移于一旁也。闪者，闪其猛来之势也。站者，我必存尽，我步以站立住位，而不致于倾跌也。盖交手之际，彼来若缓，接法易见，彼来若猛，来势直冲，必恍惚难以提防，故见其扑身而来，即将吾身移于一旁，闪其势懈其力，而乘机以取也。昔人云：移闪之法最为出奇，战斗中之妙技，计谋中之仙着也。然亦贵乎善用焉。彼未来而先移之，则失于早，早则见我移，而不来或变势而来。彼已动而移，移则失于晚，晚则我欲移而不得，必要身受其毒。用此术者，须将眼位讲明，身法辨明，步法分明，手法说明，提赘术熟，呼吸气练，迎其风而闪之，乘其间而取之，一存一尽，一动一静，而功捷矣。所谓捶打人不防也。

诗曰："捶打妙术在移闪，动静呼吸一气连，来来去去需随便，玄妙尽在接取间。通背名移闪，心意号腾挪，近移接取便，远挪难觅寻，一气通地天，两气隔山河，密云遮日月，总为妙术多。"

三、有无虚实

有，力至也，无，力抽也，虚势中有虚而若实也。盖人已交手之际，将势踏定，看着无力而势虚，却又有力而势实，以为势实而有力，却又无力而势虚，时有时无，忽虚忽实，运用之妙施于一身，而抖擞之威灵于一心，即所谓不滞于有不沦于无，运实变虚以虚为实。如与人相交不可妄动轻进，要将吾身秀住，上提不赘，手不离口，前顺后追，足紧随身，退存进尽。眼为见性时常循环，耳为灵性时常报应，心为勇性时常惊省，蓄吾势以养神灵之精，则见可进而进，接取必德，不然恃其强壮，而无门可进，有不为人所败者寡矣。

诗曰："拳把莫轻言交人，滞气不化最可怕，若能会透变化理，妙术不落他人下。"

四、筋擎懈绽

筋者，接其来而筋之也；擎者，执其肱而轻扶之，以付其来力也；懈者，散也，散其来力而使不得来前也；绽者，过硬挡，即反手转进也。然解懈之也，绽之以闪懈之也，推之或者点退、或者斩截、或移身转身，以及搅摺搂劈、挑押勾挂、拨拍驼架、冲握括挎等，凡接取之妙无非懈也，其法要贵善用焉。

诗曰："上提下要赘，身进脚手随，接取合呼吸，定送暴客回，莫忘撩阴手，勤走十字路，拳把妙玄理，尽在此中伏。人言搋打十分力，一遇懈不敢出，验过四两拨千斤，方知他力助我力。"

五、呼吸动静

呼吸者气也，动静者心也。心一动而气一吸，则无力而势虚也。心一动而气一呼，则有力而势实矣。然静要专一，动要精神，吸必紧急，呼必怒发。心为而帅，气为先行，目为旌旗。目若恍惚，指示不明，则动静失宜，呼吸倒置，阵必失矣。习此艺者，先要讲明眼位，视之不致恍惚，则目之所注，志之所至，气必随之。心一动而百体从令，振其精神，扬其武威。动静呼吸之间而接法取法尽纳于一气中矣。所谓捶把尚一气，两气不打人者，此之谓也。身之落起，步之进退，手之出入，法活而气练，来而速去疾，不战则已，战则必胜也。

诗曰："拳把若不知练气，总有先着不足持，头束肩提步存尽，一动一静一呼吸。"

六、迎风转换

迎者，向前接也；风者，被来带之风也；转换者，即是改换也。眼见彼之来，接其风而改其术，则再取之。如初用扳进，见其来接，即换绽进，或改搂劈，或带搅摺，接取之术变化无穷，不可执一而论也。

诗曰："上法须知先上身，脚争齐到斯为真。接来送去得妙法，艺到变化斯知神。"

打、顾、进、闪、浅言

术语法：何为打，何为顾，何为闪，何为进？此几句话，仅仅四个字，但其中之理是必懂的基本知识。在格斗时双方都想击中对方、战胜对方、保护自己，那就离不开打、顾、闪、进。不进难以得打，对方进打，而自己不闪顾，难免被击打而败于对方。此谓打、顾、闪、进之浅理，万不可不知也。语云："打中有顾，顾中有打，闪中有进，进中有闪。"

诗曰："进退反侧应急走，顾全再打待火候。见实不上得攻手，闪避其锋乘虚入。"

简而言之，打即顾，顾即打，发手便是，闪即进，进即闪，不必远求。

大洪拳手、足、步、眼、身法歌诀

一、手法

洪拳手法七妙灵，起落守法曲直攻。
克后手如燕取水，起前手似鹞入林。
猛攻严守两手互，落如分砖起如风。
发手勇猛虎捕食，非曲非直活如龙。

二、足法

洪拳足法天地通，起落钻翻踢跃蹬。
起脚起足看攻势，落脚如鹰捉食虫。
后蹬要猛如推山，足踏胸过钻石顶。
翻背踢阴踩腰外，恨踢胫碎如山崩。
全身皆空力会足，前后扫腿一荡平。

三、身法

洪拳身法九刚猛，起落进退侧收翻。
更有反侧身法妙，起横落顺一条线。
收如伏猫纵放虎，反身护后似武仙。
左右遇敌速侧身，退则引敌入伏圈。
利则飞进驱虎豹，良机可乘推翻山。

四、眼法

洪拳眼法活锐盯，死盯对方全身行。
以目注目审敌势，敏捷判断手足行。
锐目视透虎狼心，严防二目蒙尘风。
两眼灵活观八方，眼脑心调战成功。

五、步法

洪拳步法妙如神，五尺站步二尺准。
寸站速剪快轻稳，距离丈余跳过身。
近则寸步速上前，行如虎窜飞马奔。
寸踮箭驰准又稳，临赛猛虎入羊群。

大洪拳赞歌

刚劲有力非等闲，虚实变化势相连。
奇正相间人莫测，连环八打先师传。
太祖皇帝赵匡胤，打遍天下无人拦。
手疾脚快似飞箭，落地生根树参天。
百拳之母流传广，少林罗汉大洪拳。

大洪拳实战要诀

洪门拳法势最强，两手总在肋间藏。
敌强我弱奇中走，见弱硬进必胜场。
手脚齐到难提防，拳打无常神鬼忙。
奇正虚实连环用，出手见红把人伤。

大洪拳歌

五行拳美八卦真，太极拳法是根本，
唯有洪拳照乾坤，大洪拳、太祖研，
直到如今有千年，拳法好脚法鲜，
说身手、讲步眼，手眼身法步当先，
拳流星、步如电，腰蛇行、腿为钻，
走开一团精神贯，有短打、有长拳，
有地蹚、醉八仙，穿花、跳楼、舞凤连，
洪拳法、真可夸，有散打、有拿法，
闪展腾挪好身法，有动静、有虚实，
有生克、有制化，进退趋避无空下，
拳分派、七十二，唯太祖、最普及，
中国武士尽习之，大洪拳太祖拳，
曰洪门、曰长拳，派属内外兼修拳。

内外八段

一、内八段锦

闭目冥心坐,握固静心神,扣齿三十六,两手抱昆仑,左右鸣天鼓,二十四度均,微摆撼天柱,赤龙搅水津,漱津三十六,神水满口匀,一口分三嚥,龙行虎自奔,闭气搓手热,背后磨精门,左右辘轳转,两腿放序伸,叉手双虚托,低头攀足跟,子前午后作,坎离自通神,久行无间断,却病换童身。

二、外八段锦

两手托天理三焦,左肝右肺为射雕,调养脾胃须单举,五劳七伤往后瞧,握拳瞪目生气力,马步七颠饮食消,摇头摆尾去心病,双手拍足养肾腰。

人身八手打法要诀

人身有八手打法,何为八手打法?
手为一打,肘为一打,头为一打,
肩为一打,背为一打,胯为一打,
膝为一打,脚为一打,共为八打。

八打法

八打起落头手挡,降龙伏虎霹雳响。
天地交合云遮月,武艺相争蔽日光。

手打诀

逢战两手用法多,可拳可掌可擒握。
意领手出如箭炮,猛打疾收似火烧。

肘打诀

肘打去意站胸膛,起手好似虎扑羊。
或在里阴一旁走,后手只在肋下藏。

头打诀

头打起落随脚走,而起未落站中央。
跳进门、抢地位,就是神手也难防。

肩打诀

肩打一手反阴阳,两手只在洞中藏。
左右全凭盖世方,束长二字一命亡。

背打诀

背打之法力为坚,内藏实力法为先。
翻掀拧靠力排山,前后左后侧身转。

胯打诀

胯打三节并相连,阴阳意合必自然。

外胯好似鱼打挺，里胯抢步变势难。

膝打诀

膝打几处人不明，好似猛虎出木笼。
全身展精不停势，左右明扑任意行。

脚打诀

脚打七分手打三，五行四梢要和全。
气充心意随时用，硬打硬进无遮拦。
武艺全凭精灵气，尽在眼前变化鲜。

部分常用兵器的用法

盘龙棍：崩、闸、扇、盖、劈、拨、扫、挡。
单刀：劈、拨、刺、撩、连、环、闪、砍。
春秋大刀：劈、砍、刺、撩、剪、挶、挂、抹、拨、圈。
花枪：迎、封、合、挑、扎、滚、压、拿、挂、拉。

大洪拳实战五疾

一、眼法要疾

眼为心之苗，目察敌情达之于心，然后能应敌变化，取胜成功，故云："心为元帅，眼为先锋。"总而言之，心为主宰，全凭眼之迟疾而定也。

二、手法要疾

手者人之羽翼也，凡防蔽进攻，无不赖之，但交手之道，全在迟速，迟者负，速者胜，理自然也。故云："眼明手快有胜无败。"又云："手起如箭落如风，追风赶月不放松。"亦谓手法敏疾，乘其无备而攻之，出其不意而取之也。不怕敌之身大力猛，我能出手如风即能胜之。

三、脚法要疾

脚也者，身体之基本也。脚立稳，则身稳。脚前进则身随之，太祖拳中浑身运力，手均无一处偏重，脚进身进，直抢敌人之位，则被制服。故云："脚打立意莫容情，消息全凭后足蹬，脚踏中门抢地位，就是神手也难防。"又云："脚打七分手打三。"由此观之，脚之疾更当疾于手之疾也。

四、意法要疾

意者体之帅也，眼有监察之精，脚有行程之功，手有拨转之能，然其迟速紧慢，唯意之适从。所谓立意一疾，眼与手脚均得其要领。故眼之明察秋毫，意使之也，手出不空回，意使之也，脚之疾亦意使之也。观乎此，则意不可不疾，可知也。

五、身法要疾

诸法皆以身法为本，故云："身如弩弓，拳如箭。"又云："上法须要先上身，手脚齐到方为真。"故身法者，太祖拳术之本也。摇膀活胯周身展转，侧身而进，不可前俯后仰、左歪右斜。进则直出，退则直落，尤必顾到，内外相合。使其周身协调，上下如一，虽进退亦不能破散，则度几不可捉摸，而敌难得逞。此所以于眼疾、手疾之外而尤贵乎其身疾也。

第五章
大洪拳基本功法、基础套路、实战技法和穴位

基本手形

一、拳

四指并拢卷握，拇指梢节屈压于食指中节上。拳心朝上（下）为平拳，拳眼朝上（下）为立拳。

要点：拳紧握，拳面平，直腕。

拳面：握拳时，手指根节构成的平面。

拳眼：握拳时，拇指和食指握紧形成的洞。

拳心：握拳时，手心即拳心。

二、掌

四指伸直并拢，拇指梢节屈扣于虎口处。

要点：掌心与四指微凹，成瓦垄式。

直掌：手腕伸直为直掌。

立掌：向拇指侧伸，掌指朝上为立掌。

三、勾

五指尖捏拢在一起，屈腕。

要点：五指不要过屈。

基本步形和腿法

弓步

马步

歇步

虚步

丁步

仆步

并步

正踢腿

侧踢腿

里合腿

外摆腿

侧踹腿

弹踢腿

腾空飞脚

双立起

正蹬腿

外摆莲

旋风脚

大洪拳基本功法、基础套路、实战技法和穴位

竖叉

横叉

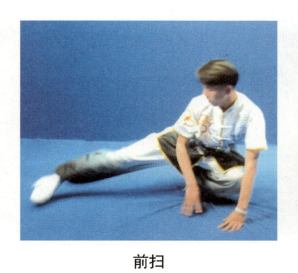
前扫

后扫

大洪拳基本功法、基础套路、实战技法和穴位

大洪拳基础套路——五花炮

"五花炮"是大洪拳传统的一套优秀拳架,是基础套路之一。"炮"指的是"拳",打拳如放炮,因其中出现五次"五花座山(也称马步栽捶)",故得名五花炮,又称"洪拳大架",民间多称"头趟架的"。五花炮是进门必修课,其套路突出了根稳、迅猛、力厚的特点,拳架大开大合、舒展大方、刚劲有力、朴实无华、气势宏伟、动如脱兔、定如磐石,翻身顾前后、侧身顾左右,以意领气、以气催力,三节相随、四梢相齐、五行相应、内外合一。套路虽不长,然而贯穿了大洪拳的"八大要领""十字方针",是一套不可多得的根基套路。清末武林泰斗任恒泰宗师传于朱凤君、朱效章和李凤吟先师,至今已有110余年。由于本套路较长,全套演练下来特别累,又因后面连续出现过多重复动作,所以现在广泛流传下来的套路一般演练到第三十八式"打虎架"就收势了。但是缺少后面的部分动作,此套路失去了阴阳平衡,故在此增加了后面的部分动作,以飨读者。

谱曰:"五花炮,脚如箭,拳似炮,眼到手到,足也到;内练精神气力功,外练手眼身法步,收如伏猫,纵似猛虎,硬打硬进遮拦妙,五花炮多在四转三摇。"

一、起势五行运转(图1~图5)

1. 自然站立,两脚与肩同宽,两手心朝下,指尖朝里,目视前方;然后手心翻转朝上,并由下向上缓缓提起至胸前,手向上移动的同时吸气(鼻七分口三分)。

2. 掌心翻向下,双手向下缓缓下按,气沉丹田,呼气(鼻三分口七分)。

3. 双手向两侧展开,慢慢向上抬起至头顶,两掌心相对,同时吸气。

4. 双手五指弯曲,成虎爪式,闭气,用劲下拉,两肘向左右两侧伸展与肩齐。

5. 当手与肩平时，两手由里向外旋转外伸，手由虎爪式慢慢握拳，左右伸直，两拳握紧，同时呼气。

注释：此为起势，亦称"拳帽"，是套路开始前的运气，通过吸气、吐气、闭气以及肢体的伸展运动，促进血液循环，使血液循环至肢体的各个地方。

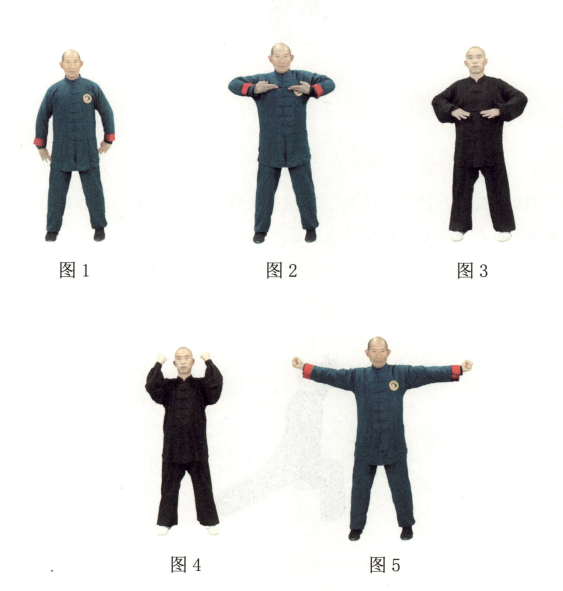

图1　　　　　　　图2　　　　　　　图3

图4　　　　　　　图5

二、金鸡独立（图6）

右拳从右前上方下压，放至裆部；左拳向左前上方由下向上崩，拳心向外架于门头左前上方；右脚提起，脚尖朝下。

图6

三、闪门炮（图7）

右脚向右前方铲对方小腿，右左拳交替上崩，左拳上崩后接着垂直向下砸拳，右拳上崩至后门头前上方。

图7

四、砸拳震脚（图8）

左拳变掌向右向后收至左大腿前方，右拳由下向上再向下砸拳至左手掌心，同时身体左转，右脚抬起靠近左脚往下跺，身体下蹲。

图8

五、七星掏月（图9～图12）

1. 右腿向右下叉，右拳变掌，掌心向上，贴小腿，左手收于腰间。

2. 右掌变拳，拳心向上端，同时起身。

3. 右拳收回胸前与肩齐，同时左掌向前推。

4. 左掌收回，右拳变掌向前推，右掌在前左掌在后，成右弓步。

图9　　　　　图10　　　　　图11　　　　　图12

六、白鹤亮翅（图13和图14）

1. 收右脚上提，脚尖向下，脚面绷直，右掌向后斜下方拨，左手向左上方举起。

2. 收左脚上提，脚尖向下，脚面绷直，左掌向后斜下方拨，右手向右上方举起。

图13　　　　　　　　　　图14

七、右压臂左弓步推掌（图15和图16）

1. 右手朝左前方由上向下压。

2. 左手从胸前发出朝左前推掌，成左弓步。

图15　　　　　　　　　　图16

八、马步托枪（图17）

左脚向左向后撤步，右脚向右垫步，左手掌外旋扣于胸间，右掌掌心向上，向右方水平插去。

图17

九、击鼓捶（图18～图20）

1. 接上式，右脚向右向后撤步，同时左手在右手上方前削，成左虚步，由掌变拳。

2. 左脚向前跨半步，同时击左拳，右脚向左腿后方跨步，同时击右拳。

图18　　　　　　图19　　　　　　图20

十、挎虎（图21～图23）

1. 两拳变掌，交叉至胸前，右手在上（额头处），左手在下（裆部）。

2. 右脚向右跨步，左脚跟上，屈身下蹲，右手向下向前转270°，左手向左向上转180°。

3. 起身向前踢左脚。

图21　　　　　　　　图22　　　　　　　　图23

十一、摇三摇（也称摇山、风摆荷叶，图24～图26）

左脚向右前方，右脚向左前方，交替前行，两手臂交替甩开前行。

图24　　　　　　　　图25　　　　　　　　图26

十二、右单拍脚（图27）

右脚踢起，右手拍打脚面，身直立。

图 27

十三、马步栽捶（也称五花坐山，图28）

右手握拳由左向上抬起，由上往下垂直栽拳至裆部，左手握拳上举，前臂向右弯曲，拳心向外，护于额头前上方，此时由站立式变为马步。

图 28

十四、左单拍脚（图29）

左脚踢起，左手拍打脚面，身直立。

图29

十五、雀（却、抢）地龙（图30）

此招式从前面看如游龙向前钻，从后面看如孔雀开屏。

左脚斜向下仆地，左手掌心向上贴脚面之上，右腿下蹲，右手向后向上成勾手式。

图30

十六、腾空飞脚（也称丈二踢，图31）

左脚后收抬起，右脚用力蹬地跳起，右手击打脚面。

图 31

十七、双扳捶（图32）

双手握拳，右弓步，双胳膊向右前上方擂去。

图 32

十八、拦捶（图33）

左手由左向右向下压，右拳贴着胸部向上向右上方倾斜打出。先抬右脚再抬左脚。

图 33

十九、雀（却、抢）地龙（图34）

左脚斜向下仆地，左手掌向上贴脚面之上，右腿下蹲，右手向后向上成勾手式。

图 34

二十、闪门炮（图35）

起身成左弓步，左手上架，右手由上向下栽打。

图 35

二十一、翻身推打（图36～图38）

1. 右脚抬起，右转身，左脚跳起向前迈步，右脚落至左脚处，同时右拳和左拳依次向后右上向下抡打。

2. 左弓步推掌。

图 36　　　　　　　图 37　　　　　　　图 38

二十二、双拍一展（也称狮子摆尾、靖王托塔，图39～图41）

1. 左右手拍臀部，跺右脚，右掌心朝上托于腰间，左手掌心朝上，托于门头前上方。

2. 右脚向正前方踢。

图 39

图 40

图 41

二十三、双飞（也称十字飞，图42和图43）

1. 右脚着地，左脚提起，两手打开，右手伸向右前方，左手伸向左后方。

2. 左脚着地，右手落至裆前，右腿向正前方弹踢。

图 42

图 43

二十四、外摆莲（图44）

右脚着地，左脚抬起，然后在左脚落地之前右脚弹跳起来外摆，双手击打右脚面，左脚先落地，身体旋转360°。

图44

二十五、（右）捞地推掌（图45和图46）

1. 身体右前倾，右弓步，右掌向下向右外拔。
2. 推左掌，右手勾状。

图45　　　　　　　　　　　图46

二十六、拦捶（图47）

左手由左向右向下压，右拳贴着胸部向上向右上方倾斜打出。先抬右脚再抬左脚。

图47

二十七、雀（却、抢）地龙（图48）

左脚斜向下仆地，左手掌心向上贴脚面之上，右腿下蹲，右手向后向上成勾手式。

图48

二十八、鱼跃雀（却、抢）地龙（图49）

左脚斜向下仆地，左手掌心向上贴脚面之上，右腿下蹲，右手向后向上成勾手式。再重复一次动作。

图49

二十九、马步栽捶（也称五花坐山，图50）

右手握拳由左向上抬起，由上往下垂直栽拳至裆部，左手握拳上举，前臂向右弯曲，拳心向外，护于额头前上方，此时由站立式变为马步。

图50

三十、旋风脚（图51和图52）

左脚抬起，右脚用劲蹬地，左腿向左后旋转360°，右腿弹起左上旋转360°，同时左手在右脚腾空时击打脚底板。

图51

图52

三十一、马步栽捶（也称五花坐山，图53）

右手握拳由左向上抬起，由上往下垂直栽拳至裆部，左手握拳上举，前臂向右弯曲，拳心向外，护于额头前上方，此时由站立式变为马步。

图53

三十二、翻身推打（图 54～图 56）

1. 右脚抬起，右转身，左脚跳起向前迈步，右脚落至左脚处，同时右拳和左拳依次向后右上向下抡打。

2. 左弓步推掌。

图 54

图 55

图 56

三十三、败式（图 57）

由左弓步变为右弓步，两手分别放于左右大腿上方，目视左方。

图 57

三十四、单鞭（图58和图59）

1. 由弓步变马步，双拳拳背相对，立于胸前。

2. 由马步变左弓步，身体微左倾斜，目视左方，双拳打开，左拳微向下，右拳微向上。

图 58　　　　　　　　　　图 59

三十五、跳起弹踢抱打三捶（图60～图62）

1. 左脚抬起，右脚用劲蹬地弹起向左前方弹踢，左脚先落地。

2. 双拳抱于腰间，右弓步，连打三拳。

图 60　　　　　　图 61　　　　　　图 62

三十六、撩阴（图63）

右手收回，从左向右，由下向上，用力击打对方裆部要害部位。

图63

三十七、金鹰展翅（侧踹腿，图64和图65）

1. 右腿向左腿后插去，右手上举，由上向下，掌心朝下，左手手心向上托于胸前。

2. 右手向左向下向右转，两手打开，左腿左侧踹。

图64　　　　　　　　　　　图65

三十八、（左）捞地推掌（图66和图67）

1. 身体左前倾，左弓步，左掌向下向左外拔。

2. 推右掌，左手成勾状。

图66

图67

三十九、右单拍脚（图68）

右脚踢起，右手拍打脚面，身直立。

图68

四十、马步栽捶（也称五花坐山，图69）

右手握拳由左向上抬起，由上往下垂直栽拳至裆部，左手握拳上举，前臂向右弯曲，拳心向外，护于额头前上方，此时由站立式变为马步。

图 69

四十一、左单拍脚（图70）

左脚踢起，左手拍打脚面，身直立。

图 70

四十二、雀（抢、却）地龙（图71）

左脚斜向下仆地，左手掌心向上贴脚面之上，右腿下蹲，右手向后向上成勾手式。

图 71

四十三、腾空飞脚（也称丈二踢，图72）

左脚后收抬起，右脚用力蹬地跳起，右手击打脚面。

图 72

四十四、马步栽捶（也称五花坐山，图73）

右手握拳由左向上抬起，由上往下垂直栽拳至裆部，左手握拳上举，前臂向右弯曲，拳心向外，护于额头前上方，此时由站立式变为马步。

图 73

四十五、翻身推打（图74～图77）

1. 右脚抬起，右转身，左脚跳起向前迈步，右脚落至左脚处，同时右拳和左拳依次向后右上向下抡打。

2. 左弓步推掌。

图 74　　　　图 75　　　　图 76　　　　图 77

四十六、败式（图78）

由左弓步变为右弓步，两手分别放于左右大腿上方，目视左方。

图78

四十七、拉弓射箭（图79）

右手握拳由左眼前方向右拉至右耳处，左拳在左前方，目视左拳，马步。

图79

四十八、跳步盖打四捶（图80～图82）

1. 右拳向左前方由上向下盖拳，提左脚，击左拳。

2. 右脚腾空跳起，同时击右拳和左拳。

图80　　　　　图81　　　　　图82

四十九、双扳捶（图83）

双手握拳，右弓步，双胳膊向右前上方擢去。

图83

五十、金鹰展翅（图84和图85）

1. 右腿向左腿后插去，右手上举，由上向下，掌心朝下，左手手心向上托于胸前。

2. 右手向左向下向右转，两手打开，左腿左侧踹。

图84　　　　　　　　　　图85

五十一、捞地推掌（图86和图87）

1. 身体左前倾，左弓步，左掌向下向左外拔。

2. 推右掌，左手成勾状。

图86　　　　　　　　　　图87

五十二、打虎收势（图88和图89）

1. 左弓步打虎势，大声吼出。

2. 右脚向左脚并拢，两手自然下垂，上翻，然后由上向下，两手指相对，缓缓下移，至自然垂下。

图88

图89

五花炮实战演练

一、闪门炮（此招式用于对方打高拳）

1. 对方出左拳向你袭来，用右前臂向上绷打，同时向回抽拉（图1）。

2. 对方右拳再盖打过来，用左前臂架挡（图2）。

3. 右拳迅速向前击打对方（图3）。

图1

图2

图3

二、砸拳震脚

1. 对方上左步，出左拳向你袭来，用左臂格挡，手外旋顺势抓住胳膊向后拽拉（图4）。

2. 上右步，用右拳砸击对方肘部，同时用右脚跺对方的脚（图5）。

图4

图5

三、七星掏月

1. 右腿下叉钻进对方两腿之间，右拳上端对方阴部（图6）。

2. 对方用左拳击打你的头部，右前臂上绷格挡（图7）。

3. 对方右拳向你击来，用左手上架格挡（图8）。

4. 右拳收回变掌用力推击对方腰部（图9）。

图6　　　　　图7　　　　　图8　　　　　图9

四、白鹤亮翅

1. 对方用右腿低扫你的右腿，提右腿后收躲避，同时用右手顺势拨对方的腿，如果拨不到可以躲过，如果拨到就会是对方重心不稳而倒地（图10）。

2. 对方用左腿低扫你的左腿，提左腿后收躲避，同时用左手顺势拨对方的腿，如果拨不到可以躲过，如果拨到就会是对方重心不稳而倒地（图11）。

图10　　　　　　　　　图11

五、金鸡独立

对方用右拳向你的头部盖打，同时左脚踢你的右小腿，首先左手上架格挡，右手向下向外拨对方踢来之腿，同时提起右脚以防被击中（图12）。

图 12

六、马步托枪

1. 对方左拳向你袭来，向前用左手格挡（图13）。
2. 上右步右手插顶对方腰部（图14）。

图 13　　　　　　　　　图 14

七、挎虎

1. 对方饿虎扑食般扑来，如果从左方来，则屈身下蹲，左手挟对方前下身，右手抱对方身体上部（图15和图16）。

2. 顺时针撩摔，使对手头朝下脚朝上旋转摔倒（图17）。

图 15

图 16

图 17

八、摇三摇（也称摇山、风摆荷叶）

1. 对方用拳向你袭来，用手臂向上架挡，同时脚插向对方腿后面（图18和图19）。

2. 手臂用劲向外扳，因对方后腿已经被绊住，所以对方很容易就仰面倒地（图20）。

图 18

图 19

图 20

九、马步栽捶（也称五花坐山）

1. 对方左拳向你击来，用右手臂下压（图21）。

2. 对方右拳向你击来，用左拳架挡（图22）。

图 21

图 22

十、雀（却、抢）地龙

1. 一腿下插钻到对方两腿之间，击打裆部要害（图23）。

2. 一腿下插钻到对方两腿之间，用手搂住对方的一条腿，起身用肩顶击对方，使对方倒地（图24）。

图 23

图 24

十一、双扳捶

一腿插到对方的腿后面,两胳膊抡到对手身体前面,两臂用力向后擢,使对方仰面倒地(图25)。

图 25

十二、拦捶

1. 对方用拳击过来,一手压住对方手臂(图26)。

2. 另一手击打对方下颚(图27)。

图 26

图 27

十三、翻身推打

1. 对方从身后用上左步击左拳，向后撤右步，抡右臂压打对方前臂（图28）。

2. 对方此时右腿朝裆部踢，右脚后撤一步，左手护裆往外拨（图29）。

3. 右掌向前击打对方（图30）。

图 28　　　　　　　　图 29　　　　　　　　图 30

十四、捞地推掌

1. 外拨对方袭来之腿（图31）。

2. 用掌推击对方胸部（图32）。

图 31　　　　　　　　　　　　图 32

十五、撩阴

用拳袭击对方阴部，由下向上（图33）。

图 33

将军刀口诀

第一节
立身开步站如松，背上拔刀迎敌冲；
避锋上步截手砍，套步反身劈正中；
歇步藏刀待敌刺，上架伐根左右攻。

第二节
转身弓步藏刀势，两面大撩将敌封；
拦腰横扫旋风起，迎门劈刀脚猛蹬。

第三节
撤转金鸡独立势，左挂右拨套步攻；
翻身马步劈顶砍，转腕外拨直刺中。

第四节
连扎两刀紧跟进，填肋转身虚步形；
斜行左右连续挡，单扎腕花揽怀中。

第五节
转身甩出撩阴刀，反把倒扎气势凶；
左右反劈势凌厉，旋身大抹敌胆惊。

第六节
滚进连扎势难挡，左右斜劈气如虹；
弓步藏刀收功势，将军刀法留威名。

将军刀套路演练

1. 预备势，左手扣握刀护手，刀刃朝前贴于左臂内侧，并步正立，平视前方（图1）。

2. 开左步与肩同宽，同时右掌向右侧上绕于腰间下按。面向左看，气沉丹田（图2）。

图1

图2

3. 左右两臂同时由两侧平托上举，相会于头顶上方，右手接握刀柄（图3）。

4. 右手接刀后，震右脚，同时刀向下落向右摆继而上举，同时出左弓步，左掌向左前推，成左弓步举刀推掌势（图4）。

图3

图4

5. 上右步成马步侧劈刀，同时左手下落左上绕亮掌（图5）。

6. 右手持刀向下向左经胸前继续向上抡圆弧向右方劈出，同时左手配合抄刀，左腿向右倒插（图6）。

图5

图6

7. 向左转翻身，双手握刀抡劈，成左弓步双手竖劈刀（图7）。

8. 左步后撤，同时将刀后拉至右后方，成歇步藏刀势（图8）。

图7

图8

9. 左步向前跨出，同时上架刀（屈腿低身形上架刀，图9）。

10. 上右步低身形，刀向左低平扫，成低身形扫腿势（图10）。

图9

图10

11. 上左步，低身形，回刀刃向右平扫，成右扫腿势（图11）。

12. 刀做后过脑，同时右转身撤右步，继续右转上扣左步，继而横跨右步，成右弓步藏刀势（横架，图12）。

图11

图12

13. 左步上并右步，刀上举（图13）。

14. 上右步左转身，同时做右侧大撩刀（图14）。

图 13

图 14

15. 继而上左步，右转身同时做左侧大撩刀（图15）。

16. 接左大撩，向左旋身跳转360°，同时顺势将刀云顶一周，成左弓步横砍刀（图16）。

图 15

图 16

17. 步不动，上身后移，同时刀向右后方摆出（图17）。

18. 右步上半步，同时将刀劈顶砍（图18）。

图17

图18

19. 紧接左脚侧踹出，并上架刀亮左掌（图19）。

20. 落左脚，右转身，撤右步，同时刀向下向右后方甩出继而右上举，立右腿提左腿，成金鸡独立势（图20）。

图19

图20

21. 落左脚，刀向下向左侧穿挂，身稍左转，成交叉步（图21）。

22. 刀从左边以刀尖领先继续向上走，同时上右步，上身右转，继而向右下方穿挂刀（图22）。

图 21

图 22

23. 刀继续上举，同时迈左步套右步，刀劈向左方，成套步卧劈势（图23）。

24. 上身向右翻转，右步向右跨出，同时刀随身翻动轮劈，成马步右倒劈刀势（右步落地时要拍地有声，图24）。

图 23

图 24

25. 刀向右外撇腕花一周，同时右转身震右脚出左弓步，刀顺左弓步向前扎出（图25）。

26. 右腿向前提膝，将刀收到腹前（图26）。

图25

图26

27. 迈右步同时双手持刀前平刺（图27）。

28. 跟左步同时再次收刀至腹前，提右腿（图28）。

图27

图28

29. 右脚向前猛跨步，同时将刀双手刺出，成右弓步刺刀势（图29）。

30. 上身左移同时收刀横于左肋处，左掌上架，成左填肋刀势（图30）。

图29

图30

31. 将刀向右甩，同时右转身上左步继而撤右步，成虚步藏刀势（图31）。

32. 提左步同时刀上举，跨左步，刀尖垂直地面向左方推挡，成左弓步挡刀势（图32）。

图31

图32

33. 提右腿向右前斜跨步，刀向上向左翻转刀尖向地面，与右跨步同时向右挡刀，成右弓步挡刀势（图33）。

34. 提左膝，刀向上向右后方摆动画弧，成提膝独立向右后划劈（图34）。

图33

图34

35. 调刀尖向左前方，迈左步同时向前单手刺刀，左掌向左侧推出，成左弓步刺刀势（图35）。

36. 右脚前跟半步，刀向右外侧腕花，接背花拧膀左转腰（图36）。

图35

图36

37. 腕花接向右向上画立圆劈刀，继而揽刀于左胁，同时提右膝，成独立提膝亮掌势（图37）。

图37

38. 落右步，向右转身同时刀向右平甩，继续右转上扣左步，继续右转向右跨出马步，转身时刀从后过脑继续从左向下向右反刀撩出，撩与肩平，成马步撩阴刀，左臂展开（图38）。

图38

39. 刀向下落，调转刀尖向左穿继续向上绕成刀尖上偏右时，左手反抓刀后把，刀尖向身左侧后方倒扎，同时右脚后倒半步，成半跪膝倒扎刀（图39）。

40. 将刀从左边抽出，再向右侧后方倒扎，同时左脚后撤半步，成左跪步右倒扎刀势（图40）。

图39

图40

41. 右反手使刀向左猛翻身，刀向上画立圆劈下，同时右脚上步，成马步反手立劈刀（图41）。

42. 向右后反身，同时反手抡劈，左手扶刀背，成半马步切劈势（图42）。

图41

图42

43. 向右顺刀移身，掉转头刀把领先，右步前窜左旋身，反手平抹刀，落左脚后上身左撤，刀藏于右腋下，成左御势弓步藏肋刀（图43）。

44. 向右方双手扎刀，成右弓步大刺，继而上扣左步，右转身一周，刀在头顶上朝向不变，继续右弓步扎刀（图44）。

图43

图44

45. 双手持刀，把刀左摆至左肩头（图45）。

46. 向右前方上步，同时抡刀斜劈（图46）。

图45

图46

47. 将刀摆至右肩头上，向左前方上右步斜劈（图47）。

48. 双手持刀再次向左摆刀于左肩上，上左步斜劈，继而右转身后过脑，右跨步弓步藏刀势（图48）。

图47

图48

49. 右手将刀向上向右反转，左手反接刀柄顺立刀干左臂后，退右脚半步，继而虚点左步，做高虚步亮右掌（图49）。

50. 左脚退成并步，右掌下落继而往右上转腕一周下按于右胯侧（图50）。

图49

图50

注：这套刀法是根据抗日名将赵登禹于抗战之初在其军队中教练的实用刀法发掘整理而成的，为纪念赵将军英雄事迹，故名《将军刀》。

大洪拳擒拿七十二法（部分）

　　擒拿术是武术内容之一，在大洪拳的传承当中是一种秘不外传的技法，其技法绝妙，使用高效，经数代先辈宗师的逐步完善，形成了独特的功、技体系，只有具备了一定的武术功底，且武德高尚的传承人才能得到此技。特点是整、冷、巧、速，常用的基本手法有抓、拧、缠、压、卷、抱、锁、搬、托、扣、封、推、挤、旋等，根据人体骨骼结构及筋肌韧带的生理特点，利用反关节技巧和力学杠杆原理，加之擒拿技法，从而达到有效控制对方的目的。

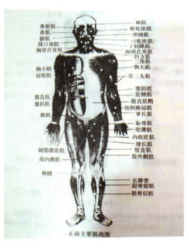

正面主要肌肉图

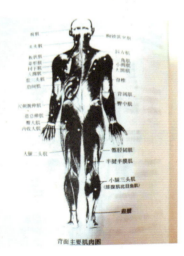

背面主要肌肉图

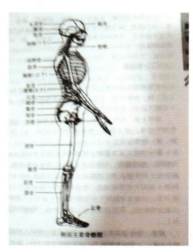

侧面主要骨骼图

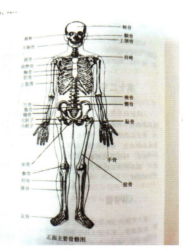

正面主要骨骼图

一、白马卧蹄

甲乙双方对峙，甲上右步的同时，出右手掐乙喉，乙右脚后撤一步，同时双手分抓其手指猛力下按拉，使其跪地受制（图1～图3）。

图1　　　　　　　　图2　　　　　　　　图3

二、樵夫折枝

甲乙双方对峙，甲上右步的同时出右手穿乙左胁，乙右手抓其手指，左手从其小臂下绕过抓其腕，退右步的同时右转身下压其臂拿之（图4～图6）。

图4　　　　　　　　图5　　　　　　　　图6

三、白猿折枝

甲乙双方对峙，甲上右步出右手抓乙肩，乙左手按抓住其手掌，右臂抄其臂压其肩，并上左步拿之（图7～图9）。

图7　　　　　　　图8　　　　　　　图9

四、仙人拐肘

甲乙双方对峙，甲上右步出右手抓乙衣领，乙退左步用左手按住，用右肘下压其肘并拐拿之（图10～图12）。

图10　　　　　　　图11　　　　　　　图12

五、罗汉打扣

甲左手抓乙右手腕，乙左手扣抓其掌，双手向里拧其手腕，使其转身并卷其腕拿之（图13～图15）。

图13　　　　　　　　图14　　　　　　　　图15

六、老虎抱头

甲上右步出右手抓乙发，乙出双手扣按其掌并退右步下压，同时头向前下顶拿之（图16～图18）。

图16　　　　　　　　图17　　　　　　　　图18

七、罗汉拿妖

甲上右步出右手推击乙胸，乙退右步双手抓其手旋拧，使其转身，用右脚挡控其右脚跟（图19～图21）。

图19　　　　　　　　图20　　　　　　　　图21

八、罗汉卷腕

甲上右步出右掌刺乙心窝，乙退右步用左手扣其掌用力外拧拿之（图22～图24）。

图22　　　　　　　　图23　　　　　　　　图24

九、张飞扛梁

甲乙对峙，甲出右手欲抓乙，乙速出右手反抓其手并上抬，上左步右转身双手抓其臂扛之，使其肘心向上拿之（图25～图27）。

图25

图26

图27

十、金鸡别翅

甲上右步用右手从乙身后抓右肩，乙用左手扣其右手，右转身用右肘压其臂使其下伏，上左步压其肩擒之（图28～图30）。

图28

图29

图30

十一、悬崖勒马

甲用张飞扛梁，乙速抬右膝顶其腰并出左手抓其肩后拉解而制之（图31～图33）。

图31　　　　　　　　图32　　　　　　　　图33

十二、将军夺位

甲乙对峙，甲用左拳击乙，乙出左手抓其腕，上右步困其左腿，用右臂拦搬其脖，致其后仰（图34～图36）。

图34　　　　　　　　图35　　　　　　　　图36

十三、仙人拐线

甲用右手抓乙胸，乙右手按住，上右步左转身用右肘压拐其臂（图37～图39）。

图37　　　　　　　　图38　　　　　　　　图39

十四、怀抱琵琶

甲上右步用右手抓乙衣领，乙右手抓住其手背，左臂向右猛拐随机左转身上右步，左手抓起右腕外拧，右肘切压其右臂拿之（图40～图42）。

图40　　　　　　　　图41　　　　　　　　图42

十五、樵夫甩柴

甲乙对峙，甲上右步出双手抓乙胸部，乙上右步左手抓其左腕右手插入其双臂间，左转身合力别其双肘抛摔在地（图43～图45）。

图43

图44

图45

十六、韩湘子挎篮

甲乙对峙，甲出右手抓乙前胸，乙左手抓其右手，上右步控其腿的同时右臂从甲右腋下向上向右挎击（图46和图47）。

图46

图47

十七、狮子回头

甲左手从后抓乙头发，乙双手按住，猫腰转身回头顶折其手腕而拿之（图48～图50）。

图48

图49

图50

十八、白猿献果

甲从前腋下双手抱住乙腰，乙速出双手推其下巴而解之（图51～图53）。

图51

图52

图53

十九、仙人靠偎

甲从后拦腰抱住乙，乙双手扣紧其双臂，向后靠压（图54和图55）。

图54

图55

二十、鲤鱼抠腮

甲从后抱住乙腰，乙沉身右转，抬右臂夹其脖并抠其腮，左手按推其头而拿之（图56～图58）。

图56

图57

图58

二十一、黄莺掐嗉

甲双手抓乙右臂里拧，乙顺势左转，用左手掐其喉（图59～图61）。

图59

图60

图61

二十二、金丝扣腕

甲用左手抓乙右手，乙用左手按压其手背，同时右手向上翻压，卷其腕而拿之（图62～图64）。

图62

图63

图64

二十三、仙人挎肘

甲用左手搂乙腰，乙用左手按住，右臂反圈其左臂，向上向外挎击，使其反关节受制而擒之（图65～图67）。

图65

图66

图67

二十四、白马卧槽

甲上右步出右手抓乙肩，乙上左步出左手推甲右肩的同时，右手搂搬甲右脚脖拉抬摔之（图68～图70）。

图68

图69

图70

二十五、老汉撂桩

甲上左步出右手，乙前移左步出左手拦抓其腕，然后上右步出右手沉身搂抱其右腿，上推下拉摔之（图71～图73）。

图71　　　　　　　　图72　　　　　　　　图73

二十六、张果老倒骑驴

甲上左步双手搂抱乙后腰，乙下腰双手搬住甲脚脖上搬，同时沉身下蹲坐压其膝，使之倒地（图74和图75）。

图74　　　　　　　　图75

二十七、老汉扶犁

乙从后抱住甲后腰，甲用张果老倒骑驴欲将乙坐倒，乙抽出双手，抓住甲搬乙腿之手猛力提拉，使其倒地（图76～图78）。

图76

图77

图78

二十八、枯树盘根

甲用右手抓乙左肩，乙用左手按住，用右腿圈盘甲左腿，身与手助之，使甲倒（图79～图81）。

图79

图80

图81

二十九、罗汉搬桩

甲用右脚蹬乙，乙用左手搂抱其腿随即上右脚困其左腿，右手搂推其脖，使其倒地（图82～图84）。

图82　　　　　　　　图83　　　　　　　　图84

三十、老鸹蹬枝

甲乙对峙，甲上左步推乙，乙左侧身倒下且双手扶地，左脚勾甲左脚后跟，右脚蹬其膝，使其受伤倒地（图85～图87）。

图85　　　　　　　　图86　　　　　　　　图87

三十一、连环坎子

甲用右手击，乙双手抓住甲右手，接着右脚挫击其膝，甲提闪，乙左脚即侧踹之（图88～图90）。

图88　　　　　　　　　　图89　　　　　　　　　　图90

三十二、王二捆羊

甲出右手击乙面，乙用右手反抓其腕，用左手别其臂摔之，用右脚踩其后背别其肘，使其受制（图91～图93）。

图91　　　　　　　　　　图92　　　　　　　　　　图93

三十三、天王托塔

甲从后抓乙头发，乙用右手按住，左转身左手上托甲肘关节，使其受制（图94～图96）。

图94　　　　　　　　图95　　　　　　　　图96

三十四、小牛吃奶

甲乙对峙，甲双手抓乙肩，乙双手抱搂甲腰，下巴下煞头顶其面，同时进右脚控其腿使其后仰或倒地（图97～图99）。

图97　　　　　　　　图98　　　　　　　　图99

三十五、老君抱葫芦

甲乙对峙，甲上步双手拉抱乙腰，乙双手抱其头用力扭拧，使其受制松手（图100～图102）。

图100

图101

图102

三十六、倒拔垂柳

甲左手抓乙右肩，乙沉身上右步，右手拦抱其腰，左手反扳甲腿，使其倒立擒之（图103～图105）。

图103

图104

图105

大洪拳拿法七十二手（部分）

拿法是武术中摔打擒拿的一个重要组成部分，是大洪拳秘不外传的技法之一，实用性较强。由卞好政拳师从著名武术大师马体林师爷留存的资料中整理出来，以备后人练习。具体拿法如下：

一、拿云捉月手

如敌双手来抓面门或双肩，可双手向上反腕外缠，抓拧敌腕向内拧折，敌即跪地。

二、肋下插刀手

如敌出来抓上部，可双手向上猛力架开敌手，回手插进敌之两肋下，敌即会仰天倒地，或后退。

三、走马擒敌手

如敌出手来击胸部，可以一手抓敌手腕，另一手压住敌臂，上步穿敌腋下，向后搂住敌腰，即可擒敌。

四、破腹卡仓手

如敌出手来击胸部，可一只手拍封敌手，同时急上步用另一只手搂住敌后胯，卡挤敌肚腹，可伤恶敌。

五、苏秦背剑手

如敌出拳击来，可用一只手抓住手腕，向外猛拧，随即转身把敌小臂拉扭在己肩上（如右手抓敌右手，担左肩，抓敌左手，担右肩），向下猛压，敌臂必断。

六、佛顶摸珠手

如敌来抓头部，可双手抓住敌之手指，低头向下反折，敌必跪地。

七、吴刚劈树手

如敌出拳击来，可用一手抓住敌手腕用力拧拉，另一手成掌向被擒之臂根处猛力斩臂，敌臂即可卸。

八、金刚劈岔手

如敌出手击来，可用一手抓住敌手腕向下猛带牵拉，同时另一手成掌从被擒之手的腋下向上猛力托击，敌大臂即卸掉。

九、玉女穿梭手

如敌出两手扑来，可以双手抓敌两手腕向外猛拉（在抓时，左手抓敌左腕，右手反抓敌右腕），且上步分手抖劲，敌即仰天倒地。

十、天官赐福手

如被敌迎面抱住腰，可单臂夹往敌头用力一挤，手扣下颌随即向外反手一拧，敌必仰面倒地。

十一、反江扳拦手

如敌出手来击，可用一手抓敌手腕，同时上步挡住敌之退路，另一手由敌胸前向后一扳拦，敌即被扳倒。

十二、梅花绞缠手

如敌出双手抓来，可用左手反抓敌左腕，右手反抓敌右腕，向上一绞缠，敌即栽倒于地。

十三、张飞扛梁手

如敌出拳击来，可用一手抓住敌手腕，猛拉担己之肩上，使其肘尖向下，同时用手狠压敌腕，其肘关节必脱。

十四、二郎担山手

如衣服被敌抓住，可以一手抓住敌之手腕，并向外翻，以另一手之小臂由下向上担挑敌肘关节，敌肘即脱。

十五、走马牵牛手

如敌出手来击，可用双手抓住敌之小臂顺势向己右侧一拉，且用右脚猛向前拌敌前腿，敌即会扑倒于地。左右方向相反，用法同样。

十六、怀中抱月手

如敌出手抓胸，可双臂向怀中一抱，握住敌手，用力下压，反折敌手腕，敌必跪地。

十七、海底偷桃手

如敌出手猛攻己之上身，可弓身低头闪过，随即用一手抓住敌阴，向后猛拉，敌即会失去反抗能力。

十八、海底捞月手

如敌攻势迅猛，可跳步走下盘，蹲到敌近前，一手抓住裤腿用手上提，另一手推向敌胸腹，敌即仰面倒地。

十九、单臂摘月手

如敌出手来攻，可用一手下压敌之来手，另一手上托敌之下颌。

二十、黄莺固嘴手

如敌出手抱住己腰，可用一手将敌嘴部按住，并向外猛推，敌即退步松手。

二十一、压臂换枕手

如敌出拳击胸，可用一手压拨敌手，另一手成掌，砍敌脑后之枕骨，其必晕倒。

二十二、双刀斩鼠手

用双掌斩敌之双臂，使敌双手失去战斗能力。

二十三、撩臂掼膛手

如敌以一手来击，可用一手撩开敌之来手，另一手拳击敌之腋窝，敌肋必伤。

二十四、走马截气手

如敌出右手来击，可用右手向右下拨开敌手，同时上左步用左掌插挑敌之右肋气门，敌必中气难接而仰面跌倒。

二十五、打马闭血手

如敌出左手来击，可用左手向左拨开敌手，同时上右步用右掌插挑敌之血府，敌即血道阻塞，而栽倒于地。

二十六、白虎望路手

如敌出双手来击，可用双手下拨敌之来手，并速反掌击敌之面门，敌即后退或被重击倒地。

二十七、罗汉捧果手

如果敌出双手抓己胸，可以双手捧敌下颌向上猛托，敌即松手后退。

二十八、双龙争珠手

如敌出双手击己两肋，可以双手下拨敌之来手，并迅速上抬，双手击敌两颊，即可使敌受伤。

二十九、黑虎扒心手

如敌出手来击，可用一拳压下敌之来手，另一手由上向下扒敌人前胸正中，敌即仰下跌倒。

三十、金丝裹腕手

如敌出手抓己之手腕，可用另一手猛力压挤住敌手，两手用力向外缠拧，敌腕必伤。

三十一、大力碰碑手

如敌出双手抓己肩，可以双掌上架敌之双手，并迅速上步用双手推敌人胸肋，定会致敌或倒或退。

三十二、仙人拨葱手

如敌出双手来攻，可用双手拨开，同时上步下腰，斜身倒抢敌之腰部，向上一拨，敌即双足离地，而后可将其摔倒在地。

三十三、横扫千军手

如敌迎面来攻，可用臂外摆横扫，同时用脚绊敌脚，敌即会跌倒于地。

三十四、仙人摘桃手

如被敌迎面拦腰抱住，可用双手按住敌之下颌与后脑，用力一扭，即会使敌松开双手。

三十五、老虎坐身手1

如被敌迎面抓住衣领，可双手抓敌手腕下压，同时身向后坐、拉，敌即跪于地下。

三十六、老虎坐身手2

如被敌抓住头或耳，可双手反腕挟挤敌手，同时低头拧腕，向后坐身，即可将敌拉倒。

大洪拳拿法七十二手歌诀

拿云捉月上云端，　肋下插刀穿胸前。
乌龙摆尾上下进，　走马擒敌把敌缠。
破腹卡仓挨身挤，　苏秦背剑放在肩。
佛顶摸珠抓一把，　吴刚劈树卸敌肩。
金刚劈叉托腋下，　玉女穿梭拉两边。
天宫赐福怀中抱，　反江扳拦敌朝天。
梅花纹手扭敌倒，　张飞抗梁担在肩。
二郎担山挑在臂，　走马牵牛施脚绊。
怀中抱月挟敌手，　海底偷桃取中盘。
海底捞月下盘找，　单臂摘月下颌端。
黄莺锢嘴封敌口，　压臂换枕颈后边。
双刀斩鼠敌膊劈，　撩臂掼膛腋窝间。
走马截气右肋下，　打马闭血左肋前。

白虎望路迎面使，　罗汉捧果献佛前。
双龙争珠颊车辍，　黑虎扒心栽胸间。
金丝裹腕顺手缠，　大力碰碑推迎面。
仙人拔葱拿敌起，　横扫千军倒敌前。
仙人摘桃敌首移，　老虎坐身拆敌腕。
金蛇退皮反手进，　钟离挥扇用力扇。
横斩绝气妙望巧，　金龙抱柱龙力掀。
童子拜佛手脚进，　拨草寻蛇膝出献。
铁扫浮云迷敌目，　麒麟吐书肋下穿。
毒蛇钻肠插敌腹，　金蛇寻穴刺喉咽。
仆地游龙抓敌足，　湘子挎篮反手缠。
罗汉单挂拐挂敌，　罗汉双搂敌望天。
孙膑背团身沉重，　诶身伏虎压肘关。
撬海翻江击肋间，　挂塌降龙按敌顽。
天星落地砸头面，　七孔流血在耳前。
鹤顶破瓜冲鼻下，　黑蛇吐信把眼参。
摧枯拉朽手脚动，　贯耳招风在两边。
神射金钱连连中，　风随豹尾有妙玄。
打马金铲切敌肠，　冷雁扭头面朝天。
顺手牵羊敌跪地，　大雁展翅敌身翻。
太公摆旗卸敌肘，　就地搬砖踝骨断。
翻扣抱腕敌难躲，　太祖约客赴席宴。
仙人脱衣反手找，　玉带围腰回身转。

大洪拳一百单八手（部分）

一百单八手是菏泽大洪拳擒拿技法之一，他是大洪拳先师们数百年来的智慧结晶。其中涵盖了多种技法，内容丰富，特点鲜明。它是集摔、拿、点、击与一体的综合性对拆套路，实用性强，历来秘不外传。武林泰斗朱凤君先师之孙朱思年老拳师为了进一步弘扬传承大洪拳文化，不吝献出，注入《中国洪拳》一书，实乃可赞可敬。

预备势：甲乙两人相对站立（白色衣服为甲，蓝色衣服为乙，图1）。

1. 白蛇吐芯：甲以右拳击乙面部，乙用左臂前节向上向外拨挡，继而进左步，同时以左拳击甲下颌（图2和图3）。

图1

图2

图3

2. 老妈妈拐线：甲用双手抱握乙之左拳，同时撤右步，左肘压在乙左肘腕处，往右下方拽拉，迫使乙倒地（图4）。

图 4

3. 进步推肘：乙趁势速上右步，同时用右掌推击甲的肘尖，迫使甲松开（图5）。

图 5

4. 翻打耳门：甲右转身以右掌反打乙之右耳门（图6）。

图6

5. 脑后震筋：乙用右手反掠甲腕部，向右拉，左掌猛砍甲之后颈处（图7）。

图7

6. 黑狗钻裆：甲撤转右步，呈右跪膝部，同时以左拳向上勾击乙裆部（图8和图9）。

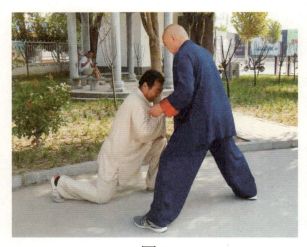
图8

图9

7. 双风贯耳：乙撤左步侧身避开，双掌合击甲两耳门（图10）。

图10

8. 劈心掌：甲双掌向上向外，双向拨开，同时上右步以右掌猛推乙胸窝处（图11）。

图 11

9. 顺手牵羊：乙左手按住甲之劈心掌，同时右手抓甲之手腕处，双手扣紧甲之右手，向左撤身向下拽拉，使甲扑地（图12）。

图 12

10. 鲤鱼抠鳃：甲急上左步，以左膝抵住乙臀部，同时用左手从乙左后方前绕，继而勾手扳乙之下颌，用力后扳（图13）。

图 13

11. 狮子摆头：乙左肩上耸，继而后撤右步，同时用左肘撞击甲胸窝（图14和图15）。

图 14

图 15

12. 饿虎扑食：甲向后仰身双手自上向下分压乙两臂，继而双手前扑掐住乙方颈部（图16和图17）。

图16

图17

13. 翻江倒海：乙右手从下往上往右绕拨甲之双臂，同时进左步，出左拳向上勾冲甲之下巴（图18和图19）。

图18

图19

14. 海底擒龙：甲的头部稍微后仰，甲右脚向右后撤，转身成右马左弓步同时，甲的左右两手卡住乙的左拳头向右后下拽拉，使乙跌倒（图20和图21）。

图20

图21

15. 凤凰夺窝：乙向前右脚成右马左弓步时，乙方用右掌尖顶击对方右腋窝（图22和图23）。

图22

图23

16. 翻打太阳：甲撤右脚，向右后转身，甲挥右拳横击乙方右侧太阳穴（图24）。

图24

17. 张飞扛梁：乙后仰，左手擒住对方手腕部，同时乙方身体向右后转成马步，将甲的右肘扛在自己的肩上（图25）。

图25

大洪拳基本功法、基础套路、实战技法和穴位

18. 手打命门：甲急忙上右步，同时甲的左手拇指、食指、中指点击对方腰部的右命门穴，甲右肘稍微弯曲摆脱扛肘的威胁（图26）。

图 26

19. 老牛擢草：乙右转身成左弓步，同时用左手握住右手，右肘尖顶击甲的右软肋处（图27）。

图 27

20. 朝天一炷香：甲退右足，向右后转身，同时，甲左手托住乙肘尖，右手拍击乙的右拳腕侧，乙小臂朝上竖直（图28和图29）。

图28

图29

21. 蛟龙出海：乙左足进甲的中门，乙的左拳自下而上沿甲的胸前袭击甲的下颌部（图30）。

图30

22. 金丝缠脖：甲退左步的同时左转身，左手拿住乙左手向后牵拉，右手从乙颈后绕扣乙之下颌（图31和图32）。

图31

图32

23. 苏秦背剑：乙进身半步，左脚移至甲右脚后的同时左肘顶击甲腹部，右手向上拉直其右臂，解脱被缠头颈，甲左掌阻乙肘，乙左手掐击甲的腋后（图33和图34）。

图33

图34

24. 仙人拐磨：甲左手虎口朝上抓住乙的左手拇指，向内向下翻转推至乙的左肩腋窝处，同时甲上左步于乙左腿内侧（图35）。

图35

25. 霸王别姬：乙右手拇指握住甲左手，乙的肘尖顶住甲的肘部曲池穴，同时乙的右脚进于甲右腿外侧，迫使甲跌倒松手（图36）。

图36

26. 白马掀蹄：甲上左步抱掀乙之左腿（图37和图38）。

图37

图38

27. 二龙戏珠：乙右手食指中指朝甲的眼窝插去，迫使甲松手（图39）。

图39

28. 双手断指：甲的左右两手拇指握住乙的食指、中指，同时，甲撤左脚向右下拽拉（图40和图41）。

图40

图41

29. 老虎偎窝：乙上右步，用右手搬住甲的右腿，同时，乙的右肩向前顶靠，使甲倒坐（图42和图43）。

图42

图43

30. 旱地拔葱：甲的两虎口朝下，两掌心相对，在乙的颈部用两手的食指抠住乙的下颌角处人迎穴朝上猛拔（图44）。

图44

31. 小牛吃奶：乙双手由外向内拔压甲的双前肘，同时头向甲的下颌及脸部撞去（图45）。

图45

32. 霸王别盔：甲的左手捧住乙的后脑勺，右手拇指在乙的颧髎穴处，其余四指托住乙的下巴，向左拧乙的头部，迫使乙放手（图46和图47）。

图46

图47

33. 张飞挎篮：乙顺势旋转头及身体，左手扣住甲右手，右肘尖压砸对方肘弯处，同时身体旋转下压（图48和图49）。

图48

图49

34. 老鹰搂头：甲双手抓住乙头上部或揪住头发，同时，甲上左步于乙的身后，向后猛搂乙使其后跌（图50和图51）。

图50

图51

35. 双手抱盔：乙双手扣住甲左掌，屈身下蹲，逆时针旋转180°，使甲手心朝上，同时起身，可折断乙手腕（图52）。

图52

36. 毒蛇吞头：当乙扣紧甲左掌未转身时，甲急上右步于乙右脚内前，同时，甲右臂于乙右耳后脖颈处与右臂弯前下插并扣紧乙的脖颈，贴紧甲身体并下压（图53）。

图53

37. 单膝点地：乙左腿插到甲腿后，利用甲下压之力用膝盖跪压甲的小腿，甲倒地（图54和图55）。

图54

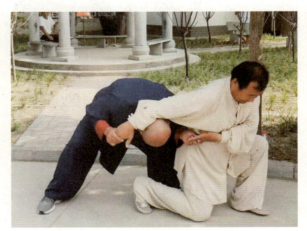

图55

38. 小驴打滚：甲双腿夹住乙的左腿快速滚身，同时甲右脚踢乙左臀部使乙翻身倒地（图56和图57）。

图56

图57

39. 老仙摘茄：乙右手从左向右向左上撩开甲的腿，同时，乙出左掌击拿甲的阴部（图58和图59）。

图58

图59

40. 老鸹蹬枝：甲双手撑地，甲右脚由右下向左上撩开乙的左掌后，甲速用右脚蹬击乙的右膝（图60和图61）。

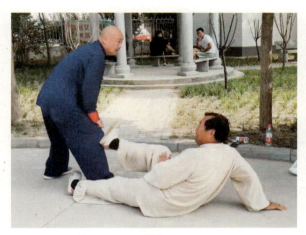
图60

图61

41. 刀劈华山：乙上右步以右掌之自上而下，迎面劈甲面门（图62）。

图62

42. 肘抵前胸：甲左手从下而上抓握乙右手腕，甲左步上至乙右脚外侧，同时向前进身，以右肘横击乙之胸部（图63和图64）。

图63

图64

43. 小鬼捂脸：乙左手把甲的右肘尖向上推，左手快速沿甲右上臂滑向甲右下颌角处，向左后勾拉（图65和图66）。

图65

图66

44. 单手掼肘：甲右手扣乙捂脸之手，左后转身撤步，左肘反压乙左臂后根节，使其下趴（图67）。

图67

45. 海底沉龟：乙趴地之时，双手从自己两腿之间搬拉甲小腿，乙的屁股坐击甲的膝部，迫使甲跌倒（图68）。

图68

46. 脑后摘瓜：甲脚不稳，速双手抓住乙的头，甲的左掌背朝下，虎口向上贴击甲的颈背部，甲右手抠住乙的前额向左后拧摘（图69和图70）。

图69

图70

47. 仙人挟柴：乙撤左脚左转身，同时左臂由下向上向外绕捆甲左右双臂（图71和图72）。

图71

图72

洪拳二十四势图

1. 出门架子变（图1）。

图1

2. 金鸡独立颠起腿（图2）。

图2

3. 太祖诸势可变进攻退闪（图3）。

图3

4. 披挑腿左右难防抢步拳（图4）。

图4

5. 手足相顾步逼，上下手快脚如风（图5）。

6. 走如龙，动似风力猛硬（图6）。

图5

图6

7. 一掌满天星，谁敢再来显（图7）。

8. 左搬右掌势，入步连心拳（图8）。

图7

图8

9. 下盘腿法，前后进红拳身自然（图9）。

10. 朝阳手偏身防逼退敌人（图10）。

图 9

图 10

11. 雁翅侧身挨，进快腿走不留停进上穿（图11）。

12. 跨虎势（图12）。

图 11

图 12

13. 下扫势专快腿，得进步上擎下取一跌（图13）。

图 13

14. 埋伏势发机腿受打定昏（图14）。

图 14

15. 飞架子抢步（图15）。

图 15

16. 拈肘势高低，勿手脚忙急（图16）。

图 16

17. 拐击肘出,颠剁搬掌(图17)。

图 17

18. 当头炮势冲人,怕进步虎猛拳(图18)。

图 18

19. 顺惊肘靠身,对打滚(图19)。

图 19

20. 旗鼓势左右进,手横势双行绞靠(图20)。

图 20

21. 抢拿势硬进快腿（图21）。

22. 闪惊巧取（图22）。

图21

图22

23. 中四平势，单手短打（图23）。

24. 伏虎势，侧身快进（图24）。

图23

图24

洪拳一百零八穴位

1. 百会穴：在头顶正中线与两耳尖连线的交点处，即后发际正中上七寸。

2. 太阳穴：在眉梢与外眼角中间向后约一寸凹陷处。

3. 眉心穴：在面部、两眉内侧端连线的中间。

4. 听宫：在耳屏的前方、下颌关节后方的凹陷处。

5. 鱼腰：在眉毛正中、眼平视时下对瞳孔处。

6. 率谷：在耳尖上方入发际一寸五分处。

7. 睛明：在内眼角上方 0.1 寸处。

8. 耳门：在听宫穴上方，耳屏上切迹的前方，张口时呈凹陷处。

9. 素口：在鼻尖端正中处。

10. 颊车：在下颌角前上方一横指，当用力咬牙时，咬肌隆起处。

11. 人中：在鼻柱下，人中沟的上三分之一与下三分之二的交界处。

12. 承泣：眼平视时，在瞳孔的直下方，眼眶下缘上。

13. 下关：在弓颧与下颌切迹所形成的凹陷处。

14. 风府：在后发际正中直上一寸枕外隆凸至下凹陷处，即两筋之间陷中。

15. 风池：斜方肌和胸锁乳突肌之间凹陷处。

16. 脑户：在后发际正中上量二寸五分，当枕骨粗隆之上缘陷中。

17. 上廉泉：在颌下正中一寸，舌骨与下颌缘之间凹陷处。

18. 颈臂：在锁骨上方，胸锁乳突肌的后缘处。

19. 哑门：在向后发际上五分，第一颈椎与第二颈椎棘突之间处。

20. 缺盆：在颈外侧、锁骨上窝之中点处。

21. 天容：在下颌角后下方、胸锁乳突肌前。
22. 廉泉：在颈前部正中线、喉头结节上方凹陷处。
23. 扁桃：在颌角下方、颈动脉处。
24. 天牖：在乳突后下方、胸锁乳突肌后近发际处。
25. 天柱：在哑门穴旁开三寸处。
26. 人迎：在结喉旁开一寸五分、胸锁乳突肌前、颈总动脉搏动处。
27. 翳风：在耳垂后、乳突和下颌骨之间的凹陷处。
28. 扶突：在胸锁乳突肌后缘与结喉相平处。
29. 天窗：在颈外侧部、下颌角下，扶突穴后、胸锁乳突肌后处。
30. 天鼎：在胸锁乳突肌后缘，扶突穴下一寸处。
31. 天突：在胸骨切迹上凹陷处。
32. 膻中：在两乳头连线的中点处。
33. 气海：在腹部正中线、脐下一寸五分处。
34. 大包：在极泉穴与第十一浮端之中点处。
35. 腹哀：在大横穴上三寸，即剑突尖下。
36. 期门：在脐上六寸、巨阙穴旁开三寸五分处。
37. 鸠尾：在脐上七寸，即剑突尖下。
38. 神阙：在腹部、脐窝中央处。
39. 步廊：在中庭六旁开二寸处。
40. 极泉：举臂开腋时，在腋窝中间、动脉内侧。
41. 日月：在乳头直下第七肋间，即期门下一寸。
42. 上脘：在腹部正中线上，脐上五寸处。
43. 京门：在第十二肋骨游离端下方。
44. 急脉：在大腿内侧面上部，从耻骨连之中央外量二寸五分。
45. 梁门：在腹上部、脐上四寸、中脘穴旁开二寸处。
46. 章门：在侧腹部第十一肋骨游离端的下缘。

47. 库房：在锁骨中线第一肋间隙处，即华盖六旁开四寸。

48. 维道：在髂前上棘前下方、五枢前下五分处。

49. 渊胶：在腋下三寸，旁开四寸陷中。

50. 中府：在云门六下方约一寸，第一、二肋骨之间，距胸骨正中线六寸处。

51. 下脘：在腹部正中线，脐上二寸处。

52. 不容：在幽门六旁开一寸五分，即巨阙穴旁开二寸处。

53. 带脉：在章门下与脐相平处。

54. 乳中：在乳头中央处。

55. 乳根：在乳头直下第五肋骨间。

56. 关元：在曲骨六上二寸，脐下三寸处。

57. 中极：在脐下四寸处。

58. 曲骨：在脐下五寸，耻骨联合部上缘。

59. 辄筋：在腋下三寸，腋中线前一寸处。

60. 天枢：在肚脐旁开二寸处。

61. 食窦：在任脉旁开六寸的第五肋骨间。

62. 会阴：在肛门前阴部后两阴之间。

63. 大椎：在第七颈椎与第一胸椎棘突间正中处。

64. 风门：在第二胸椎棘突下旁开一寸五分处。

65. 天宗：在肩胛冈下窝的中央。

66. 至阳：在第七、第八胸椎棘突之间。

67. 脊中：在第十一、十二胸椎棘突之间。

68. 肓俞：在第四胸棘突下旁开三寸处。

69. 魂门：在第九第十胸椎突棘旁开三寸处。

70. 肝俞：在第九胸椎棘突旁开一寸五分处。

71. 意舍：在第十一胸棘突下旁开三寸处。

72. 肾俞：在第二腰椎棘突下旁开一寸五分处。
73. 胃仓：在第十二胸椎棘突下旁开三寸处。
74. 志室：在第二腰椎棘突下旁开三寸处。
75. 腰眼：在第三腰椎棘突下旁开三至四寸处。
76. 命门：在第二、三腰椎之间。
77. 肩井：在椎穴与肩峰连线的中点、肩部高处。
78. 长强：在尾骨尖与肛门之间。
79. 巨骨：在锁骨于肩胛冈之间凹陷处。
80. 臂口：在上臂外侧、三角肌止点稍前处、肩（髃）与曲池的连线上。
81. 尺泽：在肘横纹上、肱二头肌腱外侧处。
82. 曲泽：在肘横纹上、肱二头肌近尺侧缘。
83. 曲池：屈肘时，在肘横纹头与肱骨外上之中点处。
84. 手三里：在曲池穴下二寸处。
85. 少海：屈肘时，在肘横纹尺侧端与肱骨内上髁之间凹陷处。
86. 青灵：在少海穴上三寸处。
87. 内关：在腕横纹正中直上三寸。
88. 腕骨：在手背尺侧，当第五掌骨与钩骨、豌豆骨之间凹陷处。
89. 合谷：在第一、二拿骨之中点稍偏食指处。
90. 阳溪：手指向上翘起时，在腕关节桡侧凹陷处。
91. 中渚：在第四、五掌骨小头之间、掌指关节上方一寸凹陷处。
92. 八邪：握拳时，每个拿骨小头之间处。
93. 风市：在直立两手自然下垂时，在大腿外侧中指尖所到之处。
94. 阴包：在曲泉上四寸、股内肌与缝匠肌之间。
95. 阴廉：在大腿内侧、气冲直下二寸动脉处。
96. 血海：在大腿内侧下部、髌骨内上方二寸处。
97. 箕门：在大腿内侧血海穴上六寸处。

98. 承扶：在臀部下缘横纹中点处。

99. 委中：在窝部横纹中点处。

100. 足三里：在外膝眼下三寸、骨外侧一横指胫骨前肌上。

101. 膝阳关：在阳陵穴上、股骨外上课上髁凹陷处。

102. 承山：在小腿后面正中出现"人"字形凹陷处，即委中穴与足跟之中处。

103. 悬钟：在外踝高点直上三寸，腓骨前缘。

104. 三阴交：在内踝尖上三寸、胫骨后。

105. 解溪：在足背的踝关节横纹中点、拇长伸肌腱和趾长伸肌腱之间。

106. 昆仑：在外踝与跟腱之间凹陷处。

107. 太溪：在脚的内踝与跟腱之间凹陷处。

108. 涌泉：在足掌心的前三分之一与后三分之二交界处。

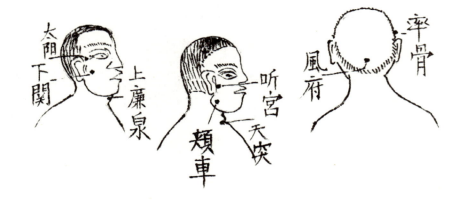

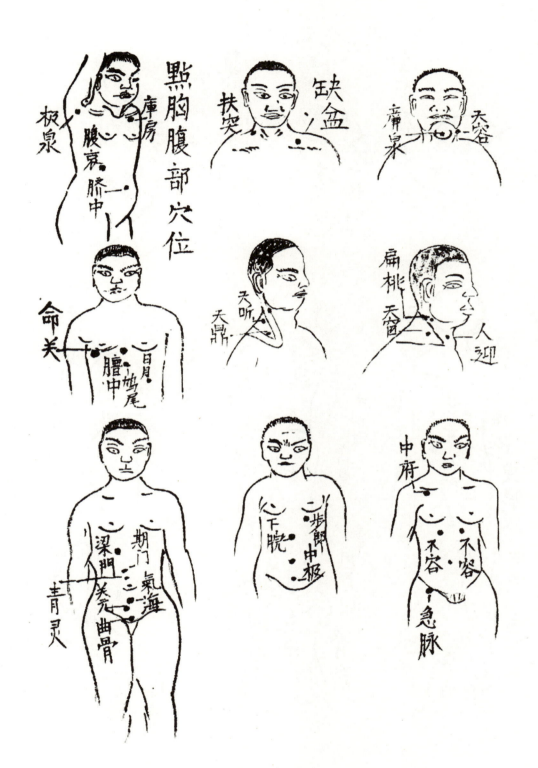

大洪拳基本功法、基础套路、实战技法和穴位

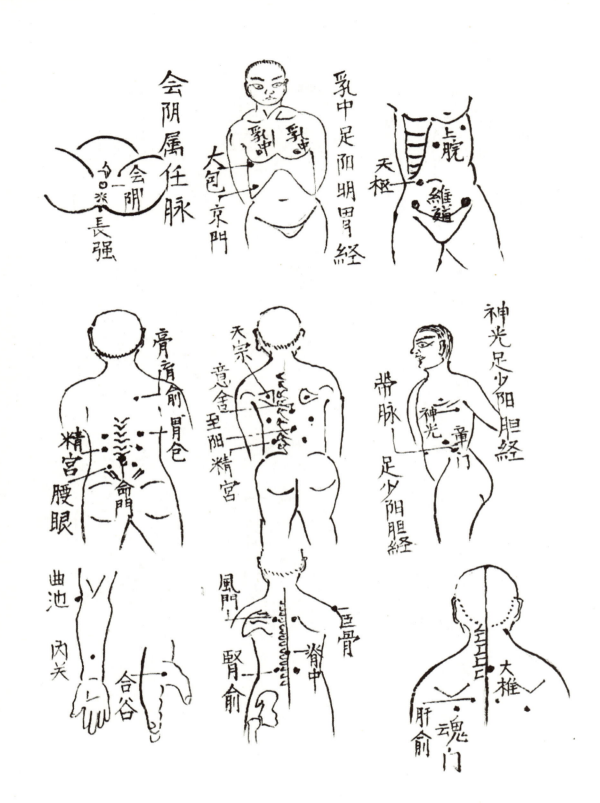

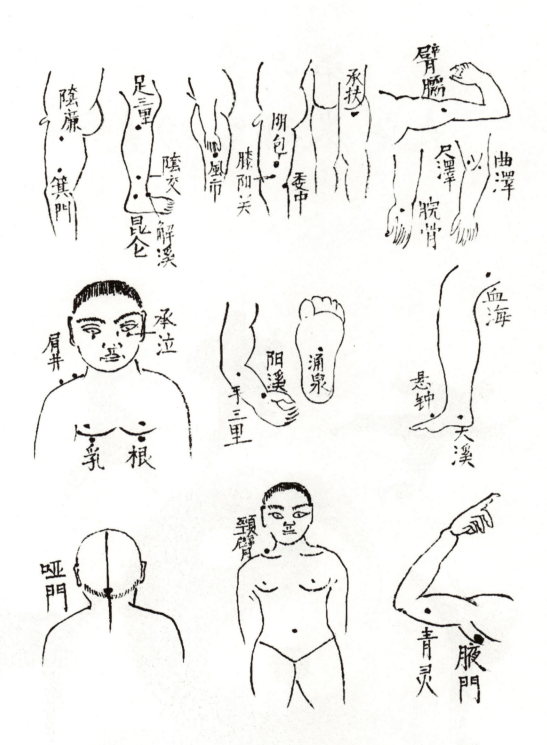

第六章
大洪拳部分功夫

大洪拳功夫汇总

洪拳硬气功是洪拳武术的重要组成部分之一，是中华民族的优秀文化遗产，能强壮筋骨，增强抗击打能力，提高战斗力，被不少武术爱好者所喜爱。

石锁功（单举石锁）

驮石磙（腹顶千斤）

制石功（怀中抱月）

重刀（金鸡独立）

重刀（苏秦背剑）　　　　　　　　重刀（掌中花）

重刀（顺风扯旗叠罗汉）　　　　　重刀（千斤扯旗）

大洪拳部分功夫

铁砂掌（崩掌）

铁砂掌（劈掌）

铁砂掌（拍掌）

铁砂掌（铁掌碎砖）

铁砂功（金钢针）

铁砂功（金刚指）

铁砂功（抓砂袋）

鹰爪功

千钧棒

铁头功

打灯功

二指禅

罗汉禅功

大上吊

气功托楼板

叠罗汉

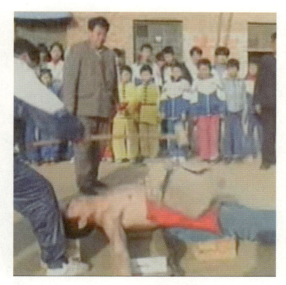
铁板桥

三枪抬佛

汽车过身

百日功

一、预备式

两脚开立，与肩同宽，双掌于左右两侧下按，静心凝神，深呼吸三次（图1）。

图1

二、第一式金龙探爪

1. 出右手向前伸右臂用力抓握，同时向外旋转手腕，边握拳边回收于右肋间（图2）。

2. 出左手，向前伸左臂，用力外旋抓握、收拳于左肋间（左右交替，反复各三次，图3）。

图2

图3

三、第二式天王托塔

1. 接上势，右手向上穿，右臂向上举，伸到最高处时，用力抓握旋腕成拳，向下收拳至右肋间（图4）。

2. 左手向上穿，左臂伸直到顶峰时用力旋腕抓握，将左拳收于左肋间（左右交替进行，各三次，图5）。

图4

图5

四、第三式霸王举鼎

双手同时上举，同时在顶上旋腕抓握，再向下收于两肋间（连续三次，图6和图7）。

图6

图7

五、第四式震脚断石

双拳抱于胸前震右脚，再震左脚（图8和图9）。

图8

图9

六、第五式左右连珠炮

1. 向左弓步，连续发左右拳三拳（图10和图11）。

2. 向右弓步，连续发左右拳三拳（图12）。

图10

图11

图12

七、第六式提地托天

下蹲马步，双手捞地，继而起身，双手上举，连续三次（图13和图14）。

图13

图14

八、第七式千斤坠

双手上举，同时握拳，收于腰间，再往身后向下坠拳（如此三次，图15和图16）。

图15

图16

九、第八式马步百锤

蹲正马步,向正前平冲拳,左右拳交替冲出尽量多打,以一百拳为目标(可二三十拳一组,图17～图19)。

图 17

图 18

图 19

第七章
大洪拳各区域名人录

抗日名将、大洪拳名家赵登禹

赵登禹，字舜诚，菏泽市杜庄乡赵楼村人，1898年出生于一个农民家庭。7岁进私塾读书，学习勤奋，品学兼优，后因父亲去世，家境困顿，被迫辍学务农。13岁时与二哥赵登尧拜朱楼村洪拳名家朱凤君为师，学练大洪拳。由于他勤学苦练，武功长进很快，拳术、器械样样精通，尤擅单刀破枪、白手夺枪等绝技。

1914年春，16岁的赵登禹与二哥赵登尧及同村的赵学礼、赵全德结伴步行千里，到西安投军于第十六混成旅冯玉祥部，被分配到第一团佟麟阁连当兵。

1916年，第十六混成旅调到廊坊驻防，旅长冯玉祥发现赵登禹体格健壮，武艺高强，便调他到身边做了贴身侍卫。

1918年，冯玉祥部在湖南常德一带驻防时，赵登禹与战士们围猎了一只经常下山袭伤人畜的猛虎，赵登禹骑虎拍照留念，后来冯玉祥见此照片，在上题字"民国七年的打虎将军"，并签上了名字。

1921年，赵登禹随冯玉祥部入陕，在冯玉祥所设的"鸿门宴"上，赵登禹徒手制服悍匪郭坚，被冯玉祥任命为排长。

1923年，赵登禹随冯玉祥部在北平南苑练兵，升为连长。

1925年，赵登禹升为营长，是年随军西征，赵登禹为其师长刘郁芬收服兰州著名拳师、当地土皇帝张长清。

1926年，赵登禹升任团长，随孙良诚出甘援陕，击溃刘镇华的镇嵩军，解西安之围。

1927年，赵登禹随孙良诚东出潼关，攻克河南偃师、洛阳，6月与北伐军会师郑州，因战功升任旅长。

1928年，赵登禹升任国民革命军二十七师师长，隶属宋哲元部，其间先后剿平多股匪患，连战连捷，战功卓著。

1929年，国民军缩编，赵登禹回任二十八旅旅长。

1930年，赵登禹任宋哲元第四方面军二十五师师长。参加中原大战后，冯玉祥下野，赵登禹随宋哲元入晋，被张学良改编，任二十九军（军长宋哲元）三十七师（师长冯治安）一〇九旅旅长。

1932年秋，赵登禹随二十九军驻军张家口，在此期间，赵登禹为训练部队，提升战士们短兵格斗素质，就从菏泽老家将恩师朱凤君以及多位师兄弟请到部队教练武术，并在大洪拳"截首刀""七星刀"的基础上研发了一套应用于对日寇白刃战的双手大砍刀刀法，并普及部队士兵中。这种刀法在后来的喜峰口对日战役中发挥了显著威力，杀得日军闻风丧胆，正因如此，也随之诞生了著名的《大刀进行曲》。

1933年1月，日寇侵入山海关，2月二十九军奉命防守长城喜峰口一带，3月赵登禹被任命为喜峰口前敌总指挥，他亲率二一七团出潘家口，越过滦河，绕到日军的炮兵阵地。此时日军正在酣睡，我军用大刀猛砍猛杀，把敌人野炮营的官兵杀伤殆尽，又破坏敌炮18门。喜峰口战役后，二十九军声名大震，赵登禹成为妇孺皆知的抗日英雄。长城战斗结束后，二十九军增编成为一三二师，赵登禹任师长。

1934年，在独石口沽源战役中，一三二师击溃热河伪军李守信骑兵队，10月在第一次张北事件中大挫日军威风。

1935年，赵登禹晋级陆军中将，是年一三二师驻河间保定一带。

1936年，赵登禹兼任河北省保安司令。

"七七事变"爆发后，在河间、大名驻防的赵登禹部，奉命急驰援北平南苑参加对日作战。7月27日，他率一个团到达距南苑两公里的团河时，遭到日军的截击，双方展开激战，我军伤亡过半。赵登禹急率余部赶至南苑，与佟麟阁坚守阵地。7月28日拂晓，日军以步兵三个联队、炮兵一个联队，飞机40架，向南苑进攻。日军先以强烈炮火猛攻我守军阵地后，以一个联队兵力向我军阵地推进。当日军行至我军阵地前约200米处时，赵登禹亲率部队向敌阵冲杀，日军溃退，我军奋起追击。此时，日军又施猛烈炮击，我军被迫停止前进。赵登禹急令预备队增援，他自己一手紧握驳壳枪，一手挥舞大刀，向前冲杀。官兵见师长亲自冲锋陷阵，士气大振，一鼓作气把日军驱退了一里多路。南苑一带全是平原，无险可守，我军完全暴露在敌炮火之下，赵登禹见官兵死伤严重，为避免无谓的牺牲，遂下令退回原阵地，待机再攻。此时，他得到部队立即撤回城内命令，于是指挥部队且战且退，在激战中，多次负伤。当部队转移到大红门玉河桥时，遭到日军伏击，赵登禹左臂又中弹，卫兵边为他包扎，边劝他退出战斗，他不肯，继续指挥部队突围北进，至黄亭子，胸部中弹，壮烈殉国，时年39岁。

赵登禹牺牲后，国民政府追赠他为陆军上将。1945年抗战胜利后，北平市政府将西城区从崇元观到太平桥的一段马路更名为赵登禹路，将通县古运河西岸的东大街更名为赵登禹大街。赵登禹将军和二十九军抗日将士遗骨迁葬于卢沟桥畔。

中华人民共和国成立后，中央人民政府给赵登禹家属颁发了革命牺牲军人家属光荣纪念证。1980年，又将赵登禹将军墓修葺一新，并树立一碑，以志纪念。

革命牺牲军人家属光荣纪念证

赵登禹将军

赵登禹将军遗墨

黄广勋先师

武林一代宗师黄公讳广勋先生名誉碑文

当代武林宗师黄公讳广勋，字德名，郓城县双桥乡黄岗村人，生于一九二一年正月，卒于二〇一四年六月，享年九十三岁。

黄公出身武术世家，自幼酷爱武术。拜武坛泰斗马体林为师，习练十名趋罗汉大洪拳。他天资聪颖，吃苦耐劳，勤奋好学，数十年如一日，从不懈怠，功夫渐入妙境，技达炉火纯青，理达登峰造极，德艺双馨。一九四二年被聘为菏泽、巨野、定陶三县办事处武术教练，一九四三年在济南、河北等地武术比赛中勇夺魁首，一九四四年在聊城、济宁行署武术比赛中获得第一名，建国后在菏泽地区举办的首届传统武术比赛中荣获第一，并多次担任菏泽地区武术比赛裁判。上世纪六十年代应聘为山东省柳子剧团武打教练与导演。一九八〇年被选为菏泽地区武协委员、郓城县武协副主席。一九九一年被推选为冀鲁豫皖苏五省大洪拳掌门人，鲁西南大洪拳研究会主席。黄公从武一生，名扬冀鲁豫及安徽、江苏、新疆等地，远近从师者络绎不绝，先后在各地设场一百七十余处，授徒八千余人。大师授徒首倡武德，德艺并举，其弟子遍布全国各地，桃李满天下，深受武林同仁的尊敬和赞扬。黄公年已花甲，仍全力辅助再传弟子樊庆斌、刘国庆创办宋江武校，曾担任名誉校长、武科校长和武术总教练。中央电视台上演的《狗娃闹春》一举成名，成群结队的奥运、亚运、全运冠军享誉全球，威震全国，该校也被评为全国十大名校之首。

黄公晚年致力于大洪拳的整理挖掘研究创新，系统整理出传统拳、械及单、对练套路二百余套，拳术论文二十余篇，并编著了《武术击打360》《摔法与解破》《擒拿与解脱》《穴位击打与救治》《大洪拳功法》《健身功法》等武术精华。还编写了《少林罗汉大洪拳谱》1～4卷，使十名趋罗汉大洪拳这一古老而优秀拳种日趋完善和大幅提升。

黄公的一生，是勤奋的一生，辉煌的一生，硕果累累的一生，为祖国武术事业的发展、民族精神的振兴建立了如此丰功伟绩而名垂千古，为大洪拳的传承和发展呕心沥血，始终不渝，做出了巨大的贡献。大洪拳众门人历被恩泽，无以为报，爰将大师之功绩撰文树碑，以志不朽。

歌曰：

宗师逝去，弟子难忘。先贤功德，励我图强。

泰岱巍巍，大河汤汤，黄公之风，山高水长。

吴广廷　卞好政

公元二〇一七年六月

郓城县宋江武校校长樊庆斌

樊庆斌，字君辅，1958年出生，菏泽市郓城县南城社区人，著名武术教育家、社会活动家。宋江武校校长，水浒集团董事长，第九、十、十一、十三届全国政协委员，政协山东省第十一届委员会常务委员，山东省武协副主席，第十四届全国人大代表，山东省跆拳道协会副主席，中国水浒学会常务理事，山东省水浒文化交流中心理事长，全国五一劳动奖章获得者，曾任菏泽市政协副主席、菏泽市工商联主席等职。

樊庆斌自幼热爱武术，8岁拜大洪拳第十五世拳师郑勋谦、郑树全为师，追随师爷黄广勋刻苦学习大洪拳。1992年拜少林寺主持素喜大师为师，成为少林寺第三十一世皈依弟子，法号德蓬。樊庆斌是中国武术七段，国家级武术裁判，省级非物质文化遗产项目大洪拳代表性传承人，菏泽市武协名誉主席，菏泽市大洪拳协会名誉主席。樊庆斌与刘国庆一起，于1985年创办宋江武校。

学校乘改革开放的春风不断发展壮大，目前设有从小学到高中各个年级的散打、套路、拳击、柔道、摔跤、影视、跆拳道、空手道、武术舞蹈、足球、攀岩、轮滑等专业班60余个，有来自全国各地的学生4000余人，教职工400余人。建校30多年来，坚持"以德建武，以文保武，以武养文，文武并进"的办学方针，培养了一大批优秀武术人才，共向国家队、省优秀专业队、武警部队和高等体育院校输送专业人才5000余人，为全国各地输送教练员5500余人，为各大企业输送高素质保安人才6000余人，在国内外重大赛事中获奖牌2200余枚。从宋江武校走出袁新东、袁晓超、康永刚、边茂富等一批世界、亚洲和全国武术冠军，每年考入北京体育大学、上海体育学院等国内著名高等院校的学生都在百人以上。宋江武校注重培养各类艺术人才。1994年宋江武校学生表演的武术舞蹈《狗娃闹春》荣获央视春晚一等奖，随后成立了狗娃艺术团，开设了影视和武术舞蹈专业。狗娃艺术团相继参加了申奥、世妇会、迎港澳回归等国际和国家级演出百余次。在2008年北京奥运会开、闭幕式上，宋江武校学生参演的《地球奔跑》《人体鸟巢》受到观众好评。

樊庆斌校长参加2008年北京奥运会火炬传递

大洪拳-器械-双刀

当代大洪拳名家刘国庆

刘国庆，字通和，1958年出生，菏泽市郓城县南城社区人。宋江武校副校长，第十、十一届山东省人大代表，第十八届菏泽市人大代表，第十八届郓城县人大常委会委员，菏泽市五一劳动奖章获得者。

刘国庆自幼热爱武术，8岁拜大洪拳第十五世拳师郑勋谦、郑树全为师，追随师爷黄广勋刻苦学习大洪拳。1992年拜少林寺主持素喜大师为师，成为少林寺第三十一世皈依弟子，法号德肇。刘国庆是中国武术七段，菏泽市武协副主席，菏泽市大洪拳协会副主席，菏泽市非物质文化遗产项目大洪拳代表性传承人。

在创办宋江武校的同时，刘国庆还和樊庆斌一起创建了水浒好汉城。现水浒好汉城占地400多亩，有36院落、72景观、108个景点，分为水浒古城核心游览区、水浒好汉城武术修学区及购物休闲区三个功能区，已成为国家AAAA级旅游景区、山东旅游重点景区。

山东省武术院陈勇

陈勇，1964年出生，菏泽市鄄城县人，中共党员，大学本科学历，大洪拳信字辈传人。

1972年，师从武术大师谭占军习练大洪拳。

1975年，进入县武术队。

1976年12月，进入菏泽地区重点武术班。

1978年5月，获得菏泽地区武术比赛个人全能冠军和各单项冠军。

1978年6月，进入山东省武术队。

1978年9月，获得山东省第十一届运动会武术比赛团体冠军，棍术第三名。

1982年7月，获得山东省第十二届运动会武术比赛团体冠军。

1982年，获得全国武术散打教学赛56公斤级第三名。

1984年，获得全国武术邀请赛（烟台）棍术第三名，猴棍第一名。

1985年，获得全国武术锦标赛男子团体第六名。

1986年，获得山东省第十三届运动会武术比赛团体冠军，传统器械（猴棍）冠军、自选拳亚军、棍术亚军。

1990年7月，获得山东省振兴杯武术套路比赛传统器械（猴棍）冠军。

1994年，指导的《狗娃闹春》获得中央电视台春节联欢晚会舞蹈类一等奖。

1991年，在山东省武术院工作，历任科员、副科长、科长、主任、副院长等职。

2013年12月，在山东省健身气功管理中心任主任。

江苏省武协副主席汪砚军

汪砚军，1964年出生，江苏省武术协会常务副主席、徐州市武协副主席、菏泽市洪拳协会名誉主席，徐州宏昌房地产开发有限公司董事长。他自幼热爱中国传统武术，师承江苏省沛县马元村三晃膀大洪拳名师邓宪文，是其关门弟子，三晃膀大洪拳传承人。他精通本门各种技法和武术拳理，整理和挖掘大洪拳失传的理论书籍，传授三晃膀大洪拳武术套路、器械和实战技法。他团结各大武术门派，为人谦虚重义，乐于助人，德高望重，美誉远播。2009年在他的大力支持下，丰县组建了大洪拳协会，协会会员5000余人。

2021年丰县三晃膀大洪拳与江苏师范大学签约仪式

他慷慨资助门下弟子开办武馆，或协助门下弟子担任武馆馆长。如大徒弟高文华开办了丰县大洪拳凤鸣塔武馆，洪飞开办了丰县大洪拳武馆，魏自磊开办了丰县宋楼大洪拳武馆，杜兆峰在徐州开办了徐州市大洪拳武馆，周智勇在青岛市大洪拳武馆任馆长，王刚在无锡市大洪拳武馆任馆长、在江阴市大洪拳武馆任馆长，周晓俭在单县大洪拳武馆任馆长，刘标开办了单县武术培训中心武馆，白涛开办了沛县大洪拳武馆。10多年来，他赞助县宣传部和文广体局，每年举办丰县梨花节"花海亮剑"武术展演赛和江苏省传统武术比赛，受到省、市表彰。2018年11月，他带领中国队参加首届亚洲国际传统武术锦标赛，任中国队领队。

2018年当选江苏省武协副主席

江苏省非物质文化遗产——三晃膀大洪拳普及推广项目签约仪式

2021年5月第七届淮海经济区传统武术比赛

济宁市大洪拳协会秘书长邵方同

邵方同，1948年出生于山东省济宁市金乡县马庙镇邵庄村，大学本科学历，中共党员，退休前在济宁市技师学院任职，教授职称。中国武术协会会员，历任济宁市大洪拳协会第一届、第二届常务副会长兼协会秘书长，党支部组织委员，主持协会日常工作。

邵方同年少时体弱多病，立志习武，20世纪60年代曾习练佛祖拳，后拜于济宁市大洪拳名师张兆祥门下。此后，在师父的指导下，一年四季刻苦习武，不知疲倦，终生痴迷于武术。1970年8月，张兆祥去世后，邵方同遍访名师高友，广交武术同仁，相互学习切磋，交流技艺。

1970年至1975年间，邵方同到山东省体工大队武术队训练学习，和于海、于承惠、王常凯三位武术界大师相识并成为挚友，其间也多次请教中国武术大师蔡龙云，并蒙受其亲自指点。邵方同以其谦逊的态度和孜孜以求的精神，打破门户壁垒，博采众家之长，不断钻研武术技巧和理论精髓，参悟武术真谛，他相信，武术唯有勤学苦练、持之以恒、认真求索，才能顿悟出道。

从1972年开始，邵方同作为济宁市武术队队长带队参加首届山东省武术比赛，其后陆续多次参加省市武术比赛，均取得了优异成绩。1983年，参加济宁市总工会、体育局举办的武术比赛，荣获拳术、器械、对练和四项全能第二名；1983年，被中国武协授予"全国百名优秀业余教练员"称号，取得国家一级裁判员资格；参加山东省第二届演武大会，取得拳术和

器械两个一等奖,并被授予中国武术六段;参加山东省"瑞中杯"传统武术大赛,荣获团体一等奖;2012 年,参加在江苏徐州举办的全国传统武术大赛,荣获拳术、枪术两个一等奖;2016 年,参加中国·徐州国际传统武术比赛,获得拳术、器械一等奖,并荣获教练员武德风尚奖。

1980 年,邵方同担任济宁市武术协会副会长兼传统武术文化挖掘整理组组长。为继承、挖掘济宁市大洪拳这一民族文化瑰宝,他遍访济宁武术名家、各大武术门派,收集整理各门派武术拳谱、传承渊源,并注册成立了"济宁市大洪拳协会"。目前,该协会有核心会员上千人,训练场馆十余处,遍及济宁各县区,参加武术运动的上有八十多岁的老人,下有四五岁的儿童,为热爱武术运动的群众提供了锻炼交流的平台,极大地推动了济宁市武术活动的健康发展。

邵方同先后组织济宁市大洪拳协会、济宁市传统拳研究会,并赴河南、江苏、安徽、广东等地进行交流研讨,切磋演习武艺。他本人也非常注重对武术理论的学习钻研,在广泛积累整理和自身的习练中不断参悟武术的基本技法和原理,发表了《擒拿技术之我见解》《大洪拳练习的第一步·基本功练习》等文章。

《济宁日报》、济宁市委宣传部、济宁电视台等宣传媒体,曾多次报道了邵方同的事迹。1986 年,《济宁日报》刊登《中年拳师邵方同》一文,报道了邵方同在各项武术大赛上取得的成绩和为推广中华武术做出的贡献。人民日报出版社出版的《孔孟之乡运河之都——家在济宁》一书,根据邵方同整理的记

录，详细介绍了济宁大洪拳的历史渊源和传承，以及在济宁的发展沿袭，总结了大洪拳的功法特点与习练要求。

邵方同终身致力于武术事业，全身心浸润在武术事业中，为弘扬中华武术在济宁的发展传承做出了巨大贡献，"一生习武终不悔，唯有勤奋报师恩" 就是对他最好的写照。

郓城县宋江武校及洪拳协会名人录

大洪拳名师 周长勇

周长勇，1970年出生，济宁市泗水县人，毕业于北京体育大学运动训练专业，中国武术协会会员，中国武术六段。宋江武校副校长，山东省第十一届党代会代表，菏泽市政协委员，菏泽市武术运动协会副主席，菏泽市大洪拳协会副主席，2008年北京奥运会火炬接力手。

1998年，周长勇拜樊庆斌、刘国庆为师，系大洪拳第十七世传人。在近30年的时间里，他培养出1000多位体育精英。其中，获得世界冠军的有10人次，包括康永刚、边茂富、李海明、姜春鹏等人；获得全国冠军的有50多人次，包括刘世龙、杨涛、韩延鹏、王强等人。由于成绩突出，他被国家体育总局授予"全国各级各类体校优秀教练员"荣誉称号，并荣获"山东省十佳教练"荣誉称号。

大洪拳名师 吴广廷

吴广廷，1930年出生，菏泽市鄄城县大埝乡吴庄村人，曾任鲁西南大洪拳研究协会副主席、菏泽市洪拳协会名誉主席、郓城县武术协会顾问。

吴广廷自幼喜爱武术，拜一代宗师马体林为师，习练大洪拳。他聪颖过人，毅力超强，练习功夫从不惜力，在站桩、拉滑车、排打、抛石锁等功夫的练习中经常超出常人的练习量，深得师父的厚爱。经师父精心培养，加之个人努力，他技艺大增，练就了一身过硬本领。

吴广廷15岁参加革命工作，1946年调郓城政府工作，曾担任共青团郓城县委秘书、农村工作部干事、县政府事务管理局副局长、财政局副局长等职。虽然工作繁忙，但他始终不忘武术锻炼，数十年如一日，闻鸡起舞，从不间断。他对大洪拳的七字拳法，得心应手，并以科学的理论验证拳术之秘、使用要点；对十八般兵器样样精通，尤其擅长枪、刀、剑、鞭，出神入化，别具一格。晚年，他向深奥处研究，对拳术养生有独见之道，对五行八卦有独到之解，对点穴和中医有深入研究，是名副其实的一代名师。

大洪拳名师 张友地

　　张友地，1936年出生，菏泽市郓城县武安镇张坑村人。他自幼随父习武，1944年拜马体林为师。他聪明伶俐，勤学苦练，经常随师走场访友，师父讲解他做示范动作，备受同门师兄喜爱。1955年，他受郓城剧团之邀，登台打武把子，演武戏。1958年，他开始授徒，得意门生有郝伟、宋明会、季德信、张修宽、张纯更、张纯红、张纯友、张修立等。他练就一身硬气功，驮磙开砖，铜头铁臂钢胸膛，金沙双腿步步强。

　　1983年，他在武安镇孙庄村创办武校，后积极协助樊庆斌、刘国庆建设宋江武校，到处筹资，为郓城大洪拳的发展做出巨大贡献。他积极组织参加县市各项武术活动，多次参加比赛展演，均取得优异成绩。他曾在哈尔滨、枣庄市教场多处，是名副其实的郓城县大洪拳优秀拳师，曾任鲁西南大洪拳研究协会副主席等职。

　　赞师曰：　张师七旬汗漫流，意念武术振神州；
　　　　　　　随世发展心不动，身体锻炼靠运筹。
　　　　　　　甘为武林做奉献，不愿社会出风头；
　　　　　　　立志雄心春常在，心育后人传环球。

大洪拳名师 张纯友

张纯友，1957年出生，菏泽市郓城县人，中共党员，大学本科学历，中国武术协会会员，中国武术六段。曾任鲁西南大洪拳研究协会副主席、郓城县政协民间武术文化联谊会副秘书长、郓城县海峡两岸水浒文化交流协会副秘书长，现任菏泽市洪拳协会副主席、菏泽市青年武术协会副主席、郓城县武术协会常务副主席。

他自幼随父习武，1968年拜黄广勋为师专攻大洪拳。1974年入伍，曾任所在部队侦察兵捕俘教练。1969年以来，先后参加了县体委组织的武术比赛，济南军区第二十六军、烟威警备区、济南军区组织的比武大赛，均取得优异成绩。回到地方后，授徒近百人，其中培养出师级干部1人，处级干部3人，企业家、教练员多人，并多次参加国家、省、市、县武术比赛，获得奖牌76枚。中国武术联合会授予他"中国武术家"称号，并编入《中国武术名人大典》。

大洪拳名师　贾友安

贾友安，1956年出生，菏泽市郓城县西关人，中国武术协会会员，中国武术六段，郓城洪拳第八代传人。曾任郓城县武术协会第二、三、四届委员，政协武术联谊会理事，郓城县志、郓城武术志编委，现任郓城县武术协会副主席、菏泽市青年武术协会副理事长。

受家庭的熏陶和环境的影响，他自幼酷爱武术，随父习练大洪拳。经多年勤学苦练，尽得家传。他精通大洪拳、查拳、炮拳等诸门拳术及多种器械，尤擅枪术的研究与演练。1976年入伍，曾任侦察分队武术教练。1978年参加北京军区侦察兵比武大赛，取得优异成绩。转业回乡后，他继承家传，热心收徒授艺，徒弟众多。他崇尚武德，德武并传，现为本拳门代表和组织者，积极组织本拳门练拳习武，参加各项比赛和表演，为洪拳的传承和发展做出了贡献。自1974年起，他多次参加国家、省、市、县各级武术比赛，取得优异成绩，获金银奖牌几十枚。

大洪拳名人 杜效华

杜效华，1958年出生，中共党员，退休干部，中国武术协会会员，中国武术五段。现任郓城武术协会理事长、菏泽市青年武术协会副主席。他自幼爱好武术，1972年拜黄广平为师习练大洪拳，后跟杜广爱、张纯友师叔习练大洪拳套路、器械、搏击等。

2017年，参加东南卫视中华武术世界行武术交流大会（港澳站），获得男子E组器械金奖、拳术银奖；参加海峡两岸第五届中华传统武术文化交流大赛，获得E组器械金奖。

2018年参加菏泽海峡两岸第六届中华传统武术文化交流大赛，获得E组拳术金奖；参加菏泽武术联赛，获得E组拳术、器械两项金奖。

2019年，参加山东省菏泽市第三届演武大赛，获得E组器械金奖、拳术银奖；参加山东省传统武术比赛获得E组器械金奖、拳术银奖；参加菏泽海峡两岸第七届中华传统武术大赛，获得E组拳术、器械两项金奖；参加济宁市传统武术大赛，获得E组拳术、器械两项金奖；参加菏泽市武术联赛，获得器械、拳术两项金奖；被菏泽市洪拳协会评为"先进工作者"。

2020年被菏泽市体育局授予菏泽"传统武术发展贡献奖"荣誉称号。

菏泽市洪拳协会名人录

大洪拳名家 朱效芳

朱效芳，生于1917年，卒于1997年，享年80岁。朱效芳为鲁西南一代洪拳大师朱凤君之子，排行老三，成年后被人称为"朱三虎"。幼年随父习武，深得其武术真传。成年后，为生活所迫，于1938年末携妻闯关东至黑龙江省牡丹江市林口县。1980年退休后重回祖籍山东菏泽。

朱效芳在东北40余载，未曾授徒，但诸多人知他有深厚的武功底蕴。伪满时期，二十八九岁时，走45°坡板装运车皮货物，每袋近200斤的大米、黄豆，他两臂各夹一袋，连续搬运几十袋，可见臂力之大。20世纪50年代初期，作为当地颇有名气的粉工师（漏土豆粉），每天清洗磨盘时，近300斤的石磨上半盘，他两臂夹紧，两手扣住，能顺利搬起、放下，他人莫及。

1978年后，由于政策的宽松，开始夜深人静时在树林里练习洪拳大架，两臂深展时，青筋暴起，嘣嘣做响，两脚跺地时，踏音传至200米外。届时，全院大多数员工才知他是门里出身，大洪拳传人。

回到家乡菏泽后，深受洪门弟子敬慕，申请组建菏泽地区洪拳研究协会，并任会长10余年。受菏泽市武术运动协会邀请，任两届副主席。朱效芳为鲁西南大洪拳的发扬光大呕心沥血，并为菏泽市武术事业的发展做出了贡献。

大洪拳名家 张福亭

张福亭，汉族，生于1916年，菏泽市牡丹区黄张村人。中国武术协会会员、菏泽地区武术协会副主席、菏泽地区传统武术挖掘整理小组副组长（重点挖掘对象）、菏泽地区大洪拳协会名誉主席，菏泽大洪拳礼字辈传人。

张福亭自幼拜当代武术宗师杜广文为师，天资聪明，举一反三，学艺刻苦，悟性极高。为了学习武术，变卖了几十亩土地和家产，经数十年努力，冬练三九夏练三伏，练就一身软硬功夫，炉火纯青，刀枪剑戟十八般兵器无所不精，尤其擅长点穴功夫，擒拿格斗得心应手，气功推拿出神入化，深得师父、师爷的厚爱器重，把大洪拳的真理要法倾囊相赠，并立为洪拳长门长孙。

18岁跟随师父离开家乡，追随赵登禹将军（师叔）奔赴抗日前线，奋力杀敌，作战骁勇，立过无数战功。赵登禹将军殉国后，张福亭也身体受伤回家休养，一边奉母至孝，一边继续习练武艺。25岁时奉师命开门收徒，教徒有方，爱徒如子，悉心教授，循循善诱，诲人不倦，前来拜师学艺者络绎不绝，弟子遍布全国各地，培养了大批军地人才，其中著名的有山西赵天祥、河南李建、北京穆光、云南省武协副主席冉令法，和当代武术名家菏泽市大洪拳协会主席、中华武馆馆长赵效合等。

2020年菏泽大洪拳掌门续拳谱代表合影
后排左起：张学军 李传国 杜长龙 王世全 杜庆东 赵孝德 周少军 耿书杰 李节义 段鲁斌 张新建 王凤江
前排左起：张孝顺 夏守义 冉祥福 赵效合 李文杰 王守纪 李广生 张秋海 杜长军

大洪拳名家 武冠府

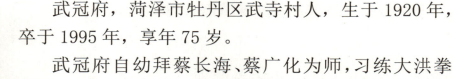

武冠府，菏泽市牡丹区武寺村人，生于1920年，卒于1995年，享年75岁。

武冠府自幼拜蔡长海、蔡广化为师，习练大洪拳，冬练三九，夏练三伏，勤勉刻苦，以苦为乐，立志以滴水之功打磨拳法，几十年如一日，武功在同门之首，受师父赞扬。

而立之年，幸遇良师，受河南清丰县任观书、孟凡敬二位洪拳名家指点，技艺大增。有次外出，路上遇到国民党遗留特务，他奋起直追，见特务拔枪，他高高跃起，闪避直踢，徒手夺枪，受到公安局表扬。他为人低调，从不炫耀，直到公安局去村里宣传，人们才知道这事，皆赞他高义。

天命之年，开始收授门徒，广传拳法。初收同村武继力等八青年，亲传拳法，更重武德，八人不辱师门教诲，惩恶扬善，护村为民，人称"八大金刚"，护佑一方平安。

他门徒众多，达2000余人，其中，有侯白庄村黄爱花（黄香莲）、侯建华、侯义轩、侯义亮、侯义春、陈守军、孟玉环、冯东亮、侯义兵、侯自兵、侯自福、侯义明、魏贵生、侯合全、刘汉华、冯登永、孟祥保、侯义波等弟子。今魏贵生秉承师训，在上海市又收弟子，其中不乏外国友人，为弘扬传统文化，促进中外友好添砖增瓦。

行至暮年，亦早晚练拳，寒暑不辍，百病不生，耳聪目明，筋骨强化，精神健硕，无有迟暮之咸。

大洪拳名家 马守义

马守义，1938年出生，菏泽市牡丹区人，毕业于山东农学院，大学本科学历，高级经济师，市级非物质文化遗产项目大洪拳代表性传承人，菏泽市洪拳协会终身荣誉主席。

马守义自幼好武，于1944年拜少林罗汉大洪拳第二十七代宗师付学志、马桂月为师，精研大洪拳及多种器械，喜好易理、书法。1994年牵头成立山东省菏泽地区洪拳研究会，任主席，多年被评为武术先进工作者。1997年创办曹州育英武术学校，任校长，培养学生3000余人。据不完全统计，他挖掘整理了洪拳几十万字文字资料，挖掘整理拳术套路、长短兵器、软硬兵器、徒手对练、器械对练套路，以及徒手对练、气功、点穴、暗器、擒拿等套路共200余套，又新编20余套。曾撰写《洪拳发展史》四卷和《武术流派》一书，为洪拳的发展及菏泽传统武术事业的发展奠定了坚实的基础，留下了宝贵的资料。

大洪拳名人 付克轩

付克轩，菏泽市牡丹区付堂村人，大专文化，工程师。中国武术协会会员，一级武术教练。大洪拳第十三世（少林第二十八世）传人。1996年入选《中国当代武林名人志》第一卷。

付克轩曾任菏泽地区洪拳研究会第一届主要负责人（法人）、菏泽内陆开发研究所副所长、菏泽市洪拳研究会常务主席兼秘书长、菏泽市掌洪拳协会顾问、菏泽市炮拳研究会顾问、菏泽市形意拳协会顾问、菏泽地区中华武校名誉校长、山东搏击武校名誉校长、巨野县东方武校名誉校长、中原少林武术学校名誉校长，曾受聘多家武术馆校和社会团体做技术顾问，菏泽市洪拳协会荣誉主席。

他出身武术世家，自幼聪颖，酷爱武术和书法，性格豪爽，遇事敢为。自幼随父辈，特别是伯父付学志习练大洪拳，兼练炮拳、掌拳、少林拳等，博采众长，多学好问，勤学苦练。青少年时代多次参加县、市、省级运动会，多次取得优异成绩。

20世纪80年代初开始同朱效芳、马守义、李良斌等知名老拳师以菏泽为中心创建地区武术社会团体等，宣传发展武术，弘扬国粹，提高武术之乡的声誉，提高大洪拳的知名度。1994年经国家有关部门批准，我国第一所洪拳研究会——菏泽地区洪拳研究会成立，他担任主要负责人（法人）。

他立足菏泽，面向全国，开展挖掘整理发展武术文化活动，特别是挖掘整理古老拳种，并著书立说，编写武林史志，编写大洪拳等多个拳种的书籍。他多次受邀到多地武术院、校、馆、社进行武术讲座。

授徒育人，诲人不倦，他培养了一批文武兼备的优秀人才，虽年过古稀，仍在武术战线上辛勤耕耘，为继承发扬武术事业不懈努力，得到了政府和同仁们的肯定和好评。

大洪拳名家 朱思年

朱思年，1951年出生于洪拳发源地——山东省菏泽市牡丹区吴镇朱楼村的武术世家。菏泽市洪拳协会名誉主席，山东省非物质文化遗产项目大洪拳代表性传承人。其祖父朱凤君为一代洪拳宗师，受家庭武风影响，他自幼酷爱武术，6岁习武，苦练基本功，8岁习练拳术套路，10岁学习刀枪剑戟等器械套路及对练，18岁修炼内功，20岁练就大洪拳十二套功夫架、十二套拳术套路、擒拿一百零八手及点穴法。他擅长的功法有气功百步打灯、太阳功等，对外经常展示的功夫有开砖、断石、驮石磙、抱石磙、驮四块楼板等。

他从20岁开始在本村边学边教大洪拳，自费创办武术社，遵守祖父遗训，一直坚持义务传授武艺，周边武术爱好者及大洪拳弟子到访学习技艺者络绎不绝，他都毫不保留，培养出了一批又一批武术精英。这些弟子不忘恩师教导，把大洪拳传播到全国各地以及各个岗位。弟子中有在军队的，有当武警的，有进体校的，有出国开办武校传播中国功夫的，有成为世界冠军的，等等。朱楼村作为大洪拳的重要发源地，来访者甚多，他都热情接待，不论是武术技艺还是武德、人品，他都堪称楷模。

掌洪拳名师 刘进禄

刘进禄，菏泽市牡丹区黄堽镇刘显阳村人，生于1940年。自幼随父习练大洪拳，1958年拜掌洪拳大师韩星全为师，勤学苦练，练出一身过硬功夫。为进一步提高技艺，丰富自己所学技法，他走出家门，寻师访友，博采众长，曾和太极拳大师何淑淦共同交流研习接手拿法。1968年在安徽亳县开武馆授徒，1973年在河南范县开馆授徒，1975年在天津塘沽开馆授徒，1980年在河南省兰考林场开馆授徒，桃李满天下。2010年被菏泽市洪拳协会聘为荣誉主席，2013年被菏泽市武术运动协会授予武术世家。

大洪拳名人陈勇

陈勇，菏泽市人，生于 1964 年，毕业于山东建筑大学。中国武术协会会员，中国武术七段，国家级武术段位考评员、指导员，一级裁判员。现任政协菏泽市第十五届委员会委员，菏泽市洪拳协会党支部书记，菏泽市健身气功协会主席，山东省健身气功协会副主席，山东省台联会理事，菏泽市台属联谊会副会长，段位考评委员会主任，海峡两岸中华传统武术文化交流大赛监督委员会副主任，菏泽亿安建筑工程有限公司副总经理。2014 年至 2016 年连续 3 年被山东省武术院评选为武术先进工作者。

陈勇自幼酷爱武术，12 岁拜大洪拳第十三世传承人马守义为师，对拳术、器械、对练、硬气功等有较深研究。1990 年开门收徒，至今收徒 500 多人，为部队、学校及各大武馆输送了一大批优秀人才。

2010 年担任菏泽市洪拳协会主席以来，采取走出去、请进来的办法，

积极组织协会会员参加省级裁判员考评员学习，积极组织协会队员参加全国、各省及国际传统武术比赛，多次获集体及个人一等奖的好成绩，每年比赛及社会活动都取得优秀组织奖、表演奖。2012 年组织协会主要成员成功举办了中国（菏泽）传统武术洪拳邀请赛，为菏泽传统武术的发展起到了重大的推动作用。

2013 年至 2019 年连续 7 年成功

举办了海峡两岸中华传统武术文化交流大赛，参赛队员每次多达2000余人，实现了参赛规模、组织服务、竞技水平、文艺演出的新突破，办成了有特色、高水平的全国武术文化交流盛会。海峡两岸中华传统武术文化交流大赛被评为山东省唯一的优秀品牌赛事，被国务院台办和山东省台办列为重点交流项目，列入山东省体育产业"十三五"规划，得到国家体育总局、山东省体育局、山东省武术院及菏泽市各级领导的大力支持和充分肯定。

为了中华传统武术文化的继承和发展，他连续几年带领协会弟子走访老拳师、各武术馆校，挖掘整理了套路、单拳、单器械及徒手器械对练等200套以及几十万字的文字资料。

作为洪拳传承人，他曾在曹州非遗大讲堂上讲述起源菏泽大地的大洪拳一脉传承1500余年的历史与发展，个人事迹先后在中央体育频道、山东卫视、菏泽电视台、菏泽日报、牡丹晚报、牡丹电视台等多家媒体报道。

大洪拳名师 赵效合

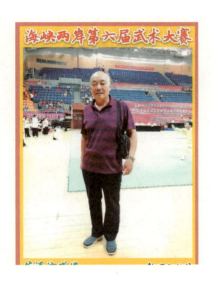

赵效合，1961年出生，菏泽市人，中国武术协会会员，中国武术七段，中国武术段位考评点主任，菏泽市武术运动协会副主席，菏泽市健身气功协会副主席，菏泽市洪拳协会主席（第二届、第三届任副主席，第四届、第五届任常务副主席兼秘书长、第六届任主席），菏泽市阴阳掌研究会名誉会长，菏泽市形意拳协会名誉主席，菏泽市台属联谊会副会长，牡丹区大洪拳协会主席。

赵效合自幼酷爱武术，拜大洪拳掌门人张福亭为师，勤学苦练，寒暑不辍，虚心向各门派学习，切磋武艺，取长补短，同时也得到了多位洪拳老前辈的精心传授，熟练掌握了拳术、器械、拳理、点穴、擒拿、药物治疗等技术，并培养了一大批武术优秀人才，为洪拳的

传承和发展做出了较大的贡献，成为市级非物质文化遗产项目大洪拳代表性传承人。2020年被菏泽市体育局评为"武林十大名人"。

2012年11月4日菏泽市电视台《百姓天天看》栏目就大洪拳的发展和前景对其作了专题采访，受到武术各界的一致好评。同年参加了在台湾举行的国际传统武术大赛，获得了本级别的全能奖并获得金牌一枚。2013年、2014年代表菏泽市武术运动协会分别参加了中韩、中泰友谊邀请赛，得到了国际武术界的好评，增加了与两国人民的友谊。

2016年分别在《武林》杂志上发表了《我的师爷赵登禹》和《德艺双馨，弘扬国术，武学大师启后人》缅怀恩师一百周年诞辰的文章。为了大洪拳的发展壮大，和师兄马西磊共同编排了洪拳三十六式、将军刀、洪拳十二式等套路。

为了更好地传颂赵登禹精神，菏泽市武术运动协会决定为赵登禹将军撰文立碑，他和张秋海师兄多方集资17万多元，经过撰文、定稿、刻碑、选址、立碑等程序，赵登禹将军纪念碑终于在2017年清明节竖立于毅德城西郊。

庚子年初，疫情肆虐，他在网上传授武术，推广居家训练方法，收到了良好效果。

2012年以来，他和陈勇主席一起精心组织统筹部署，连续成功举办了八届海峡两岸中华传统武术文化交流大赛，得到了省、市级领导的高度赞扬和同仁及社会的一致好评。

大洪拳名家 马西磊

马西磊，菏泽市牡丹区都司镇西马垓人，生于1954年。中国武术协会会员，中国武术六段，菏泽市洪拳协会常务副主席。

马西磊出身武术世家，其父马思治是闻名一方的洪拳宗师（有扬名碑立于西马垓村）。马西磊自幼深受家庭武术环境的影响，少年时即习练大洪拳及回族查拳，并受到当地武术名家张开川、马体林等多位武林前辈的言传身教，加之自身勤练深悟，其武技日渐精专。他数十年对武术一事深研不辍，博采众长，融会贯通，积累了深厚的武术造诣，继承和开发了武术技法与套路，素以武技全面而著称，历年来在多个省市举办的武术大赛中，摘金夺银，成绩突显，至今已荣获金奖44枚、银奖8枚。

2014年9月，参加山东省第九届少数民族运动会，获得男子对练一等奖、查拳二等奖、双器械一等奖。

2014年10月，参加中国梁山传统武术赛，获得男子F组双器械一等奖、对练一等奖。

2014年10月，参加陕西省国家级非物质文化遗产项目红拳传承人交流大会，获套路一等奖。

2015年4月，参加苏、鲁、豫、皖首届大洪拳大赛，获一等奖。

2015年5月，赴韩国参加武术文化交流大赛，获一等奖。

2013年至2019年，连续参加七届海峡两岸中华传统武术交流大赛，每届皆荣获双项金奖。

2016年3月，参加在开封举办的全国传统武术赛，获双器械、对练一等奖。

2017年，在菏泽市洪拳协会主席陈勇、赵效合的倡导和支持下，挖掘整理了赵登禹将军刀，整理了口诀和图解，又研发了罗汉三十六式拳术一套，并面向菏泽市各区武术馆校推广，为传统洪拳的发扬光大做出了建设性的贡献。

2020年，菏泽市洪拳协会编纂《中国洪拳》一书，马西磊是主编之一，给武林界贡献了宝贵的武术资料与丰富的传统武术遗产。

马西磊在全国多地授徒，数以百计，为传承中华武术文化发挥了积极而重要的作用。

大洪拳名师 张秋海

张秋海，菏泽市西城办事处代庄人，中华武术五段。自幼聪颖好学，7岁开始习文练武，由恩师张秋礼、张福亭、张香亭、张世强教习武术，因勤学苦练，成绩卓著。1971年4月参加菏泽市农民武术比赛，勇于拼搏，一举获得冠军。1973年5月获山东省农民武术比赛冠军。1976年7月高中毕业后，响应政府号召，回乡务农。1988年在代庄成立武术社，担任社长职务。从1995年开始，连任菏泽市洪拳研究会常务副主席。1997年7月出资兴建赵登禹将军武术学校，担任校长职务。1999年被选为菏泽市武术运动协会常务副主席。2002年被选为政协菏泽市牡丹区第十二届委员会委员，之后连任三届政协委员。2003年带领赵登禹将军武术学员出国演出，曾出访英国、德国、法国、美国、新西兰、瑞士、加拿大等40多个国家，将大洪拳展现在世人面前。2008年被选为菏泽市武术运动协会副主席。2008年被选为台属联谊会副会长，至今连任。

赵登禹将军武术学校教学楼奠基仪式

学生在北京钓鱼台国宾馆汇报演出

学生在泰国演出

在泰国演出期间留影

与北京体育大学何教授合影

大洪拳名师 杨品红

杨品红，女，菏泽市人，生于1963年。1983年毕业于山东省菏泽地区技工学校，同年被分配到地区印刷厂工作，直至退休。中国武术协会会员，中国武术七段，国家级武术段位考评员，国家级社会体育指导员，一级裁判，一级教练。现任菏泽市洪拳协会常务副主席，菏泽市太极拳运动协会副主席，牡丹区老年太极拳协会副主席，牡丹区台属联谊会副会长。

杨品红自幼喜爱武术，1982年拜大洪拳拳师马守义为师，虚心学习，勤学苦练，掌握了各种拳械套路。个人多次参加全国、省及国际传统武术比赛，获集体及个人多项金牌。连续20年参加山东省内传统武术比赛及周边省传统武术锦标赛的裁判工作，多次获得优秀裁判员称号。多次参加国家体育总局武术管理中心举办的全国武术段位制考评员、指导员骨干培训班，取得优秀成绩。2010年至2014年被菏泽市武术运动协会、菏泽市洪拳协会评为先进个人。

2010年担任菏泽市洪拳协会副主席以来，积极配合协会领导班子组织协会会员参加省级裁判员、考评员学习。2012年积

极参与组织中国（菏泽）传统武术洪拳邀请赛，为菏泽传统武术的发展起到了推动作用。2013年至2019年连续7年策划筹备、组织举办海峡两岸中华传统武术文化交流大赛，制定规程，担任裁判工作，荣获特殊贡献奖。十几年来累计培训学员数千人，个人事迹先后被菏泽日报、牡丹晚报和菏泽电视台、牡丹电视台等媒体报道。

大洪拳名师 王明华

王明华，1946年出生，菏泽市牡丹区仓房村人。菏泽市洪拳协会副主席，中国武术协会省级考评员，菏泽市教练员，省级武术指导员，中国武术六段。

王明华出身于武术世家，自幼酷爱武术，6岁跟爷爷王玉锡习武，经过爷爷的严厉指导，16岁时对所学功法套路掌握娴熟。经常参加节日庆祝活动和大型武术表演活动，当年最擅长的是顶狮子。他顶的狮子，首尾二人配合默契，步伐一致，起身迅疾，旋转似风，腾空时威风凛凛，落地时干净利落，每次演出都赢得观众的阵阵掌声。

他习练拳脚一丝不苟，动作到位，刚劲威猛；对技术精益求精，不耻下问，虚心好学；擅长花枪、洪拳三十六式、洪拳一路二路、太极拳、单刀、双刀、春秋大刀、少林枪、对练、剑术等。

2010年，参加全国水泊梁山梅花拳大赛，获得金牌2枚；2011年参加山东省"明湖杯"武术大赛，获得一等奖和二等奖；2012年，参加全国武术比赛（徐州），获得金牌1枚、银牌1枚；2013年，参加河南省开封清明节武术比赛，获得两个二等奖；2014年，参加山东省全民健身运动会，获得两个二等奖；参加海峡两岸中华传统武术文化交流大赛上，获得两个金奖；参加陕西省大洪拳武术交流大会，获得银牌2枚。

他非常支持和配合菏泽市洪拳协会的工作，2014年在本村建立菏泽市洪拳协会训练基地，旨在使武术爱好者能在此处演练，切磋武术技艺，传承光大武术事业。

大洪拳名家 邓春太

邓春太，1953年出生于菏泽市牡丹区高庄镇邓楼村，菏泽市洪拳协会总教练，国家气功协会会员。他自幼酷爱武术，曾师从当地名师刘复云，17岁开始专研硬气功和人体经络，除表演和教学以外，还经常义务为群众推拿按摩救治。硬气功的主要功法有腹部过汽车、耳部过汽车、五马分尸、重叠罗汉、金钟罩、铁布衫、双臂二指禅、单臂一指禅、软功等。

16岁在家乡便开始当教练，一边教学一边学艺。1981年至1984年，被山西省运城市曹允村的郭永生聘为教练；1985年，在安徽涡阳武校任总教练；1992年在河南滑县城关镇三街道武校任总教练；1992年在赵登禹武校任总教练，其间和菏泽市电视台《露一手》栏目多次合作，经常在电视上展示绝活；1999年被聘为菏泽市洪拳协会总教练至今；2004年至2019年任大连中华武馆总教练。

在赵登禹武校任教期间组织了远东武术表演团，曾经代表国家到泰国、英国、马来西亚等国交流。在大连中华武馆期间，为美国、新加坡等7个国家培训教练员，组织表演团，为中外游客展现中国功夫，还组织了国际中华功夫表演团，到美国、意大利、法国等国表演。其弟子遍布世界各地，在各类比赛中获奖无数。他为弘扬中国功夫、传播中华文化做出很大贡献。

大洪拳名师 王守纪

王守纪，1949年出生，菏泽市牡丹区宋东街人。中国武术协会会员，中国武术六段。2010年任菏泽市洪拳协会副主席，2014年任菏泽市八卦掌武术研究会副会长。1968年拜大洪拳名师马金堂、丁元明为师，1972年又拜大洪拳掌门人张福亭为师。他勤奋好学，刻苦训练，取长补短，练就一身过硬的武功。

2011年，参加"中国·四川"国际峨眉武术节，分别获得拳术一等奖、器械二等奖；2012年，参加"丰县杯"全国农民武术比赛，分别获得拳术、器械二等奖；2014年，参加山东省第四届全民健身运动会传统武术大赛，分别获得拳术二等奖、器械一等奖；2014年10月，参加陕西省红拳传承人展演交流大赛，获得器械二等奖；2014年年底，参加台湾"中华杯"全球华人武术大赛，分别获得拳术、器械二等奖；2016年，参加第二届山东省武术大会，分别获得拳术、器械二等奖；2016年，参加首届"中国·徐州"国际武术大赛，获得拳术一等奖、器械二等奖；2017年9月，参加东南卫视中国武术世界行武术交流大会（港澳站），分别获得拳术、器械一等奖，并且参加了名家展演。2013年至2019年，参加海峡两岸中华传统武术文化交流大赛，均取得了较好成绩。

其子王腾，自幼拜大洪拳名师赵效合为师，勤奋好学，刻苦训练，再加上父亲的严格要求，2002年考上了北京体育大学。

2006年毕业后,王腾随著名导演唐季礼拍摄影视,具体如下:

《精忠岳飞》中饰演宗欣,导演鞠觉亮。

《孤芳不自赏》中饰演禁军统领,导演鞠觉亮。

《客家人》中饰演多嘴,导演都晓。

《生死阻击》中饰演杨德福,导演焦晓雨。

《急先锋》中饰演王腾,导演唐季礼。

《机械魔女》中饰演吴冲,导演张著麟。

《黄飞鸿之怒海雄风》中饰演青木,导演麦子善。

《封神传奇》中饰演姬勇,导演许安。

《悟空传》中饰演四大金刚,导演郭子健。

《鬼吹灯之寻龙记》中饰演工程队长,导演乌尔善。

《南宋猎人第一部》中饰演张缙,导演杨健武。

《七剑下天山之修罗眼》中饰演徐福,导演蓝志伟。

《七剑下天山之七情花》中饰演傅青主,导演蓝志伟。

王　腾

大洪拳名师 赵登臣

赵登臣，1970年出生于菏泽市牡丹区万福办事处赵楼村，少林大洪拳第二十九世传人，中国武术协会会员，中国武术五段，菏泽市洪拳协会副主席，赵登禹中学特约传统武术教练。

赵登臣自幼酷爱武术，师从鲁西南大洪拳发源地朱楼村洪拳大师朱思年，并得其真传。他的拳术舒展大方，动作到位，刚劲有力，大开大合，朴实无华，节奏严谨；对练动作灵活，出手迅捷，步法稳固，进退自如。曾多次参加海峡两岸中华传统武术文化交流大赛、苏鲁豫皖武术交流大赛，并多次获得金奖。曾多次在菏泽市电视台、东南卫视录制过传统武术类节目。他自费建设演武厅，购买器械，义务传授大洪拳，对当地武术的传播做出了很大贡献。

大洪拳名师 赵孝德

赵孝德，生于1965年，菏泽市牡丹区西城代庄人，中国武术协会会员，中国武术五段，山东省武术协会会员，菏泽市洪拳协会副主席，国家武术一级教练，国家武术二级裁判员，洪拳智字辈传人，少林寺贞字辈传人。

赵孝德自幼拜当地武术名家大洪拳礼字辈传人张福亭、张香亭二人为师，习练大洪拳，刻苦学艺十余载，寒暑不辍，不舍春秋，练就一身长拳短打、软硬功夫，十八般兵器、各种套路无所不精，尤其擅长对练。17岁跟随师兄打拳卖艺，以武会友，足迹踏遍苏、鲁、豫、皖及黄河两岸。多次代表菏泽市武术运动协会、菏泽市洪拳协会参加省内外比赛以及各种表演活动，均获得好的成绩并得到领导和武术同仁的认可。20岁时奉师命广收徒弟，因爱徒如子、教徒有方，来拜师学习者络绎不绝，弟子遍布菏泽城乡，为国家培养了大批人才。年过半百和师兄一起开办中华武馆，义务培训青少年武术爱好者，为菏泽市的武术事业、大洪拳的传承发展做出了贡献。

大洪拳名师 赵雪军

赵雪军，1964年出生，菏泽市牡丹区西城代庄人，毕业于山东省武术学校，中国武术协会会员。2017年至2019年连续3年被菏泽市洪拳协会评为优秀工作者。

赵雪军自幼酷爱习练武术，7岁拜张世强、张福亭、张香亭、赵洪臣为师，对大洪拳、八段锦、健身气功易筋经深有体悟，精通刀剑棍棒等各种兵器，七节鞭尤为出众。16岁参加菏泽市县两级武术交流大赛获得一等奖，后多次在各种比赛当中获得名次。

1988年开始传承武术，收徒170多名。为响应国家全民健身运动号召，丰富群众文化生活，推动传统武术文化发展，建立了新河中华武术馆。2018年3月，参加开封市第三十六届菊花文化节暨第三届"传承杯"传统武术邀请赛，获得银牌2枚；2018年8月，参加海峡两岸第六届武术交流大会，获得银牌2枚；2018年10月，参加台儿庄第四届山东省武术大赛，获得银牌1枚、铜牌一枚。他热爱武术，几十年如一日坚持习武，至今从未间断。

大洪拳名师 刘新国

　　刘新国，1964年出生于菏泽市牡丹区万福办事处刘寨村，少林大洪拳第三十世传人，中国武术协会会员，洪拳宗师朱凤君之外孙。受家庭武术熏陶，自幼酷爱武术，童年在鲁西南大洪拳发源地朱楼村习武练拳，练就了扎实的基本功。成年后，他修炼站桩，悟出独到的吸气吐纳养生之术。他对自己严格要求，对武术精益求精，演练的套路舒展大方，刚劲有力，步法稳固而灵活，器械娴熟，挥舞自如。在本村创办武术社，义务传授大洪拳。被当地小学特聘为传统武术教练。曾先后多次参加海峡两岸中华传统武术文化交流大赛、苏鲁豫皖武术交流大赛，并多次获得金奖。

大洪拳名师 刘秀芹

刘秀芹，女，生于1955年，菏泽市牡丹区人，中国武术协会会员，中国武术六段，菏泽市洪拳协会第六届委员会副主席。

刘秀芹出身于武术世家，自幼酷爱武术，年少时在梅花拳十四代传人魏士可的指导下习练梅花拳传统套路，跟哥哥刘宝印（高级教练、中国武术八段）习练规定拳术，积累了丰富的武术素养。参加工作后，在业余时间坚持习练太极拳与其他传统武术。

菏泽是武术之乡，名师云集，她经过多次考察，发现马西磊拳师拳术、器械、对练样样精通，手、眼、身、步法演练都非常完美。为了让自己得到更好的修炼，2013年，她拜在马西磊拳师门下为徒，习练少林大洪拳。她勤学苦练，寒暑不辍，武功日臻，技术全面，功力扎实，曾多次参加国际、省市级武术大赛，共荣获金牌36枚、银牌14枚、铜牌2枚。她授徒众多，影响甚广，为传承中华武术发挥了积极作用。

大洪拳名人 王风江

王风江，1967年出生，菏泽市高新区马岭岗镇普台张村人，中国武术协会会员，中国武术五段，菏泽市洪拳协会第六届委员会副主席，菏泽市牡丹区大洪拳协会法定代表人。

王风江自幼跟随郭凤祥学习大洪拳，后又拜洪拳名师赵效合为师，取百家之长，勤学苦练，年复一年，练出一身过硬功夫，曾多次参加国内外大型武术比赛，多次拿金奖。2013年，参加中国开封武术竞赛，获得优秀表演奖。2015年，在江苏丰县参加武术比赛，获得两项一等奖。2017年，参加东南卫视中国武术世界行武术交流大会（港澳站），获得一等奖。2018年，在泰安参加全省武术大赛，获得两项金奖。菏泽市武林大会及菏泽市洪拳协会举办的海峡两岸中华传统武术交流大赛，每届他都参加，均拿到金奖。

大洪拳名师 李建

　　李建，1973年出生于菏泽市牡丹区万福办事处张李庄村，中国武术协会会员，菏泽市洪拳协会第六届委员会副秘书长。自幼喜爱武术，8岁开始跟爷爷习练大洪拳，练就了扎实的基本功，经常到鲁西南大洪拳发源地朱楼村学习和研练，得到朱思年等多位老拳师的言传身教，领悟武术之精髓，对大洪拳的认知有了更深的理解。

　　习武40余年而不辍，对自己严格要求，对武术精益求精，研究武术理论知识，挖掘古老拳法并对其分析整理和传承，将自己所学义务传授给乡邻武术爱好者。曾多次参加国内各种传统武术大赛及武术文化交流活动，并多次获得金奖。

大洪拳名人 张洪生

张洪生，菏泽市牡丹区仓房村人，中国武术六段，菏泽市武术一级教练。自幼习武，在著名洪拳老拳师王玉锡的教导下，一心追求将中华武术发扬光大，门下弟子数十人。

2010年7月，受邀参加山东卫视综艺节目录制；10月参加第二届中国梁山梅花拳演武大会及保护发展论坛。

2011年1月，参加山东省"明湖友谊杯"武术邀请赛，获两项一等奖；7月，参加山东省"瑞中杯"传统武术比赛，获单器械和拳术对练两项一等奖。2012年6月，在江苏徐州参加"丰县杯"全国传统武术比赛，获得两金两银的好成绩。2013年，参加中国（开封）首届中原经济区非物质文化遗产武术展演大会，获优秀展奖；5月，参加山东省第三届全民健身运动会，获对练一等奖和单器械一等奖。2014年10月，参加中厦集团·圣禹基金杯国家级非物质遗产项目洪拳传承人展演交流大会，获套路二等奖；4月，参加2014年台湾"中华杯"华人武术大赛，获得个人第六名。

2015年6月，参加由省文化厅组织的山东省庆祝第十个非物质文化遗产日系列活动；8月，参加海峡两岸第三届中华传统武术文化交流大赛，获得金牌2枚。

2016年7月，参加"中国·徐州"国际武术大赛，荣获两金一银的好成绩。2017年9月，参加东南卫视中国武术世界行武术交流大会（港澳站），获两金。在中国香港拳王争霸赛中获金牌2枚、金杯一个。

2018年5月，参加全国老年太极健身推广，并入选山东代表队参赛，获得团体第一名的好成绩。

年至七旬，仍在传承与发展传统武术的道路上矢志不渝，永无止境。

大洪拳名人 聂元宝

聂元宝，菏泽市南城聂庄人，生于1965年，中国武术协会会员，中国武术六段。自幼酷爱武术，并在表叔王守纪的启蒙下学练大洪拳。1987年，拜掌洪拳名师马法振为师，学练阴阳掌、内气功等功法，深得真传，加之自身练功刻苦，几经寒暑，所练功法相当扎实。于2015年得遇武术名家马西磊拳师，遂拜其门下为徒，学练器械、拳术、单练、对打、攻防、擒拿等多种武技。由于认真好学，精练深悟，各方面技艺得以全面发展。曾多次参加省市级大型武术比赛，并取得了优异成绩。

大洪拳名人 李节义

　　李节义，1969年出生，菏泽市高新区后李庄村人，中国武术协会会员，中国武术六段，菏泽市洪拳协会第六届委员会副主席。自幼随师父冉祥福、武庆忠、赵吉田、赵效合习练大洪拳，冬练三九，夏练三伏，并虚心向各门派学习，取长补短。他曾多次参加国内外大型武术比赛，在山东省武林大会上多次拿金奖。2011年1月参加山东省"明湖友谊杯"武术比赛，获得两个金奖；7月在山东省"瑞中杯"武术比赛中荣获一等奖；2012年6月在江苏省徐州市参加"丰县杯"武术比赛；2013年、2014年连续两年参加在台湾举办的国际传统武术大赛，均获得好成绩；2015年6月参加山东省第十个非物质文化遗产日系列活动，他的展演节目得到了领导的高度评价，并在山东电视台连续播放；参加七届海峡两岸中华传统武术文化交流大赛，均获得金奖；2016年参加韩国国际武术文化交流大会；2017年参加在香港举办的国际武术大赛。

　　他参加国内外武术大赛共获得金牌68枚、银牌38枚，同时培养了一批武林精英，为弘扬中华武术做出了较大贡献。

大洪拳名人 段鲁斌

段鲁斌，1971年出生，菏泽市高新区马岭岗镇司庄行政村肖许庄人，中国武术协会会员，中国武术五段。自幼随恩师冉祥福、武庆忠、赵吉田、赵效合习练大洪拳，在师父们的精心指导下，勤学苦练，虚心向师兄学习，取长补短。曾多次参加国内外大型武术比赛，共获金牌78枚、银牌42枚，并培养了一大批武林精英。2010年，参加菏泽传统武术比赛，获得金牌。2011年，参加山东省"明湖友谊杯"武术比赛，获金牌2枚；同年7月，参加山东省"瑞中杯"武术比赛，获金牌2枚。2012年6月，参加江苏徐州市"丰县杯"武术比赛，获得金牌2枚。2013年，参加中国开封武术竞赛，获得优秀展演奖。2014年，参加台湾"中华杯"全球华人武术大赛，获得金牌4枚；同年参加第十一届"中厦集团·圣禹基金杯"国家级非物质遗产项目洪拳传承人展演交流大会，获两项一等奖。2017年，参加山东省武术"齐鲁行"菏泽第二届"名胜杯"演武大会，获得一等奖。2018年，参加东南卫视中国武术世界行武术交流大会，获得三项一等奖。2019年，参加江苏首届苏鲁豫皖武术邀请赛，获得金牌2枚。参加七届海峡两岸中华传统武术交流大赛，均获得金牌。展演的节目多次在山东省电视台播放，得到了领导及群众和武林界的好评。

大洪拳名师 吴继明

　　吴继明，1953年出生，菏泽市开发区陈集镇北张庄村人，共产党员。

　　吴继明自幼跟随舅父练习大洪拳，在学校和村多次表演，受到热烈欢迎。1982年第一次参加菏泽市体育局举办的武术表演赛，取得优秀成绩。2010年参加菏泽市洪拳协会举办的武术大赛，取得优异成绩。2013年参加在台湾举办的"世界杯"武术大赛，获得全能第三名。2017年为了更好地传承传统武术，成立了天翊武术馆，收学生200余人，今后准备扩大武馆规模，把大洪拳更好地发展传承下去。

大洪拳名人 程元江

程元江，生于1968年，菏泽市牡丹区人，中国武术协会会员，中国武术六段，国家一级社会体育指导员，国家体育行业初级武术指导员。现任《中华功夫》杂志社社长兼总编，菏泽市牡丹区吴店传统武术协会会长，菏泽市洪拳协会副主席，在菏泽市形意拳协会、菏泽市夕阳学研究会、菏泽市阴阳掌研究会、菏泽市牡丹区复明拳协会、河南佛汉拳协会等任职，并在山西、陕西、湖北、四川等省外各类拳种协会任名誉顾问。历任《搏击》杂志编辑记者，《武魂》杂志记者，《神州武道》杂志记者，《中华武魂》杂志记者、编委、副主任。

程元江自幼爱好武术，学习传统武术，研究洪拳、掌洪拳、阴阳掌、夕阳掌、佛汉掌、少林五形八法拳、太极拳等。

自1990年起在国内跟数位师父学习，其中有大洪拳大师陈勇、赵效合、郭康元，掌洪拳大师尹庆桥，夕阳掌大师董传现，河南佛汉拳大师杨同枝，金刚力功二十三代传人于宪华，河南陈家沟第十代陈氏太极拳陈长虹，北京少林五行八法拳术名家秦庆丰，济南形意拳名家梅殿修，山西原《搏击》杂志主编张高生（山西形意拳大师张希贵的亲授弟子）等，学练传统武术功法。

通过多年的编辑整理，出版了《中华功夫》《中华武魂》《复明拳术》《金刚拳术》等书籍。常年笔耕不辍，每年有百万文字见诸网络和报端，以武学文章、散文和随笔为主，文笔朴实生动，隽永醇厚。

2012年被中国武术协会授予"先进个人""先进工作者"等称号，事迹被载入《中华武术名人榜》《中国当代武林名人录》《中国武者》等。

大洪拳名人 刘同生

刘同生，1959年出生，菏泽市牡丹区仓房村人。七八岁便随孟宪玉练腿脚、身法，翻跟头、下腰、拉架子，不分昼夜，不分酷暑严寒，苦练基本功。

几年后又随孟凡玉老拳师苦练刀枪等器械及多个对练套路，进步较快。孟凡玉遂将其引荐给张景春的关门弟子——李思真，李思真见他能吃苦，先后教他练习各种拳法、掌法、腿法、身法、步法。他总在夜深人静时练习，不论刮风下雨，从不间断，几年下来，武术技能日渐增长。

而立之年成为一名出名的壮汉。后遇邓春太，教他硬气功，表演驮楼板、驮磨扇，腹上承重达3000多斤，曾被多家电视台邀请录制节目。2014年，年近花甲仍在中央电视台《乡村大世界》节目中展示了身驮两块楼板上站4人的惊人表演，其视频在中央七台向全国播放，后又在快手视频播放，受众人点赞。

刘同生多次参加菏泽市洪拳协会举办的表演节目，在历届武术比赛中获多项金牌。虽年事已高，对武术的精气神不减，对武术的挚爱不减。

大洪拳名人 朱朝东

朱朝东，1975年出生，菏泽市牡丹区人，中共党员，本科学历，一级教师。中国武术协会会员，中国武术五段，菏泽市武术运动协会副主席，国家级非物质文化遗产项目大洪拳代表性传承人，菏泽市书法家协会会员，齐鲁东方画院书画师。

朱朝东自幼酷爱武术，拜大洪拳第十四世传承人陈勇为师，对拳术、器械、对练有所研究。每届的海峡两岸中华传统武术文化交流大赛，他都精心组织人员编排节目参赛。

2016年被菏泽市洪拳协会评为先进个人。

2017年成功筹办黄堽镇邓庙第三届武术邀请赛。

2018年参加山东泰山国际太极拳赛，获传统双器械一等奖。

2019年书法作品入选曹州书法院，参加庆祝中华人民共和国建国70周年书法展。

2020年成功筹办了第四节黄堽镇邓庙武术邀请赛，得到了菏泽市洪拳协会党支部书记陈勇、主席赵效合及师兄弟的大力支持。

以武会友，共同展示中华传统文化武术的精彩与魅力，并促进黄堽镇群众体育健身的蓬勃发展，是他的心愿。

大洪拳名人 崔志峰

　　崔志峰，1973年生于菏泽市牡丹区吴店镇刘楼村。1985年随刘宪敬练习大洪拳至今。2002年任菏泽市工商联石油商会秘书长。2014年8月到2019年12月任菏泽市石油燃气协会市区分会会长。2019年12月至今任菏泽市牡丹区成品油流通行业协会会长。

　　2015年4月参加苏鲁豫皖首届大洪拳交流大赛，获拳术二等奖、器械一等奖。2017年5月参加东南卫视中国武术世界行武术交流大会，获一等奖。

大洪拳名人 姜冠华

姜冠华，1970年出生，菏泽市牡丹区人，中共党员，大专学历，中国武术协会会员，中国武术六段，菏泽市洪拳协会副主席。自幼随父亲姜继宪练习大洪拳，1984年拜刘希祥为师练习大洪拳，1998年拜邓仰存为师练习大洪拳搏击术。每届海峡两岸中华传统武术文化交流大赛，他都精心组织人员参赛，并取得优异成绩。

2015年4月，在中国（丰县）苏鲁豫皖首届大洪拳交流大赛中，获得拳术一等奖、器械优秀奖。2015年5月18日，参加首届韩中武术文化交流活动，获贡献奖。2015年9月，荣获青岛2015世界休闲体育大会国际武术节比赛男子D组传统拳术四类拳第六名、传统软兵器第二名。2016年8月，在海峡两岸第四届中华传统武术文化交流大赛中，获得男子D组传统拳术银牌1枚、器械银牌1枚。2017年8月，在海峡两岸第五届中华传统武术文化交流大赛中，获得男子D组传统拳术金牌1枚、器械银牌1枚。2018年8月，参加海峡两岸第六届中华传统武术文化交流大赛，获得男子D组传统拳术金牌1枚、器械金牌1枚。

定陶区洪拳协会名人录

大洪拳名家 李良斌

李良斌，生于1946年，菏泽市定陶区马集镇谷胡同行政村东李庄村人，菏泽市和定陶区武术世家，菏泽市武术界知名武术家，洪拳大师，国家级非物质文化遗产项目定陶洪拳代表性传承人，少林寺内第二十八世、寺外第十三世传人，中国武术六段，中医师。现任菏泽市武术协会副主席，菏泽市洪拳协会荣誉主席、副主席，定陶区洪拳协会主席。

李良斌出身于武术世家，其家族在不同朝代曾出现多位武生。尤其是近代，家乡习武之风盛行，受其影响，李良斌自幼酷爱武术，与武学结下不解之缘。自20世纪50年代末起，先后拜本县区老拳师黄松田和牡丹区老拳师朱效芳为师，随二位习练大洪拳基本套路、内家功夫、枪刀棍棒等器械，尽得真传，成为二位先生门下得意弟子。刻苦修炼的同时，他广泛发掘搜集全国各地大洪拳武术资料，博取众家之长，不断充实自己，使修炼的套路、功法、技法大为精进，终成一代宗师。尤其是修炼并传授的少林大洪拳七十二式、仙人挂画、一指禅现已成独门绝技，扬名海内外。

李良斌多年来一直坚持奉行文武兼备的武学理念，练武的同时钻研中医学、跌打损伤学，悬壶济世，救人无数。

李良斌在自身坚持大洪拳武术技能修炼的同时，多年来一直热心中华武术事业，培养造就武术新人，先后办起将军、开元、武德三所武术运动学校，为国家和社会培养武术人才数千人。其中亲授弟子千余人，遍及多个领域。

有投入必有回报，由于李良斌为弘扬中华武术做出了突出贡献，其事迹先后被收录在《中华大百科全集》《武林名人志》《中国民间武术家名典》，成为一代文化名人。

大洪拳名师 刘汉银

刘汉银，生于1963年，中共党员，菏泽市定陶区滨河办事处李线庄社区支部书记，菏泽市知名武术家，少林寺内第二十九世、寺外第十四世传人，中国武术六段，现任菏泽市洪拳协会副主席、定陶区洪拳协会常务副主席。

刘汉银自幼热爱武术，1982年拜李良斌为师，苦心修炼大洪拳基本套路、器械，成为拳师门下得意弟子，为自身武术技能向更高层次发展打下了良好基础。多年来他一直热心坚持洪拳武术技能修炼，坚持弘扬中华武术事业，积极组织和参加将军武校、开元武校、武德武校的创建，并担任各校的副校长，为国家培养了大批武术人才。习练武术、强身健体的同时，他不忘报效国家、服务人民、服务社会。在担任社区党支部书记期间，他经过艰辛努力，顺利完成旧村拆迁和新区建设，使全体村民过上了舒心的生活，其政绩受到区委、区政府和办事处领导充分肯定，为城乡一体化的社会主义现代化建设做出贡献。

大洪拳名人 许素雷

许素雷，生于 1968 年，菏泽市定陶区天中街道办事处郑庄村人，中专文化，中共党员，在定陶区农商银行工作。菏泽市知名武术家、大洪拳大师，菏泽市定陶区洪拳协会副主席兼秘书长，少林寺内第二十九世、寺外第十四世传人。

许素雷自幼热爱武术，幼年即开始练武，20 世纪 80 年代慕名拜菏泽知名武术家洪拳大师李良斌为师，成为其入室弟子，随其习练大洪拳基本套路，刀枪棍棒鞭等器械，二郎功、罗汉功、少林功夫拳、八段锦等内外家功夫，尽得师父真传，自身武艺大为精进。

修炼武术、强身健体，为做好本职工作、报效国家、回报社会创造了良好的身体条件。他工作勤勤恳恳，追求上进，几乎年年被评为先进工作者或模范共产党员，屡受单位好评。

大洪拳各区域名人录

大洪拳名师 邱凤岗

邱凤岗，生于 1959 年，菏泽市定陶区马集镇四合村邱庄人，中专文化，中共党员，中国武术六段。菏泽市知名武术家、大洪拳大师，少林寺内第二十九世、寺外第十四世传人，现任菏泽市洪拳协会副主席，菏泽市开发区洪拳研究会荣誉主席，定陶区洪拳协会副主席、党支部书记。

邱凤岗自幼酷爱武术，自少时就与本村少年一同习练大洪拳，体魄健壮。参军后又习练军体拳、擒拿格斗，因武术精练强悍，在对越自卫还击战中独立执行任务时，荣立三等功。打小习武，加之参军受训，为自身武艺向更高层次发展打下基础。1982 年拜李良斌为师，随师父苦心修炼大洪拳套路、器械，成为师父门下得意弟子。近十几年来，先后多次参加国家、省、市武术展演比赛，获得各种奖 30 余项。

大洪拳名人 梁茂印

梁茂印，生于1956年，菏泽市定陶区马集镇梁堂社区人，大专学历，中共党员。曾任定陶区仿山镇政府副镇长、镇人大副主席、镇机关党支部书记，现任定陶区洪拳协会党支部副书记、协会副主席。少林寺内第二十九世、寺外第十四世传人，菏泽市知名武术家。

梁茂印自幼酷爱武术，少时即与武术结下不解之缘，20世纪70年代末80年代初，慕名拜菏泽市武术界知名武术家洪拳大师李良斌为师，成为其入室弟子，随其习练洪拳基本套路、枪刀棍棒等器械以及二郎功、罗汉功等内家功夫，尽得其真传，成为师父门下得意弟子。2012年8月参加中国（菏泽）洪拳传统武术邀请赛获得一等奖。

梁茂印参加工作以后长期在乡镇机关工作，先后做过司务长、计生办材料员、会计等工作。其出色的工作能力被组织发现破格转为国家公务员并予以提拔重用，先后担任副镇长、镇人大副主席等职务。他长期分管计划生育工作，年年受到乡镇主要领导、上级主管部门的肯定和赞扬，几乎年年被评为省、市、县（区）先进个人。1988年被评为菏泽市行政公署计划生育劳动模范。2006年被评为山东省计划生育系统"新时期最可爱的人"。连续两次被评为全国计划生育系统先进个人，其事迹还被多家新闻媒体报道。梁茂印还兼任多家社会职务，如老年书法协会会长、关工委主任等，老年书法协会被市委宣传部、市文联书协确定为全市书法文化共建基地，关工委连续两年被省关工委评为"五好"，本人被省关工委授予先进个人荣誉称号。

大洪拳名人 黄启亮

　　黄启亮，1958年出生，菏泽市定陶区黄店镇黄西村人，中共党员、大专学历。曾任定陶县（现定陶区）半堤乡党委书记、定陶县游集乡党委书记、定陶区水务局局长，现任定陶区经信局局长、鲁西南洪拳研究会副主席。少林洪拳寺内第二十九世、寺外第十四世传人。

　　黄启亮自幼师承李良斌，擅长洪拳、阴阳掌、二郎功等。多年来练武从政两不误，均取得了很好的成绩。

大洪拳名人 曲兆良

　　曲兆良，生于1960年，大专学历，中共党员，内科副主任医师，少林洪拳寺内第二十九世、寺外第十四世传人，定陶区洪拳协会副主席。

　　他自幼习武，后拜李良斌学习洪拳。1978年考上山东省菏泽市医专，学习临床医学专业，毕业后分配到定陶县人民医院内科工作。由于工作成绩突出、业务出色，于1990年被派往山东省立医院神经内科专业学习一年，学习回来任内科副主任，神经内科学科带头人。1996年任定陶县中医院业务院长，一年后任定陶县中医院院长、党组书记。2006年调离中医院，回定陶县卫生局工作，任副局长，分管红十字会并兼任定陶县红十字会医院院长、党组书记。

　　他多次被评为市、县先进工作者，并获得了市十大杰出青年、十大杰出先进医务工作者称号。

　　由于医武同修，他在临床医疗内科及武术两方面都取得了较好的成绩，为临床医学及洪拳事业做出了贡献。

大洪拳名人 乔保成

乔保成，生于 1956 年，菏泽市定陶区马集镇丁楼行政村米庄自然村人，中专学历，中共党员，曾任定陶区科学技术开发服务中心主任，现任定陶区洪拳协会副主席兼副秘书长。少林洪拳寺内第二十九世、寺外第十四世传人。

乔保成自幼酷爱武术，年幼有志，崇尚文武兼修，立志在文学艺术和武术健身两方面做出成绩。从学生时代起，即跟随多位老拳师学习传统洪拳五步拳、五花炮、阴阳掌，内家气功二郎功、罗汉功，无论春夏秋冬、严寒酷暑，坚持修炼。20 世纪 70 年代，慕名拜本市著名武术家、洪拳大师李良斌为师，成为先生入室弟子，随先生练习少林大洪拳、阴阳功夫拳、阴阳拳之内外八段、二郎功内家功法，武术理论、武术运动水平达到了一个新的境界。

无论在乡镇还是在县直机关，坚持服从领导、团结同志，模范地贯彻执行党的路线方针政策，忠于职守，勤奋工作，几乎年年被评为先进工作者或模范共产党员，两次被评为全市科技先进工作者。

大洪拳名人 陈宝军

　　陈宝军，生于 1972 年，菏泽市定陶区黄店镇陈庄村人，中共党员。少林洪拳寺内第二十九世、寺外第十四世传人。现任定陶区卫生和计生综合监督执法局党总支成员、纪检书记，定陶区洪拳协会副主席兼副秘书长。在部队服役期间多次立功受奖，获嘉奖两次、三等功一次。因在军事训练中受伤，被评为二等乙级革命伤残军人。在单位工作期间，立足本职工作，虚心学习，在职攻读中共山东省委党校法律专业，获得本科学历。

　　陈宝军自幼跟随李良斌恩师学习少林洪拳、二郎功、阴阳掌等传统武术，几十年如一日坚持学习，并传播洪拳文化，为中华传统武术文化传承奉献自身的绵薄之力。

大洪拳名人 孔祥军

孔祥军，生于 1965 年，菏泽市定陶区天中街道办事处孔书庄村人，中共党员，大学文化，经济师、理财师。1980 年参加工作，长期供职于农行系统，现任定陶区农业银行东城分理处主任、定陶洪拳协会副主席。菏泽市知名武术家、洪拳大师，少林寺内第二十九世、寺外第十四世传人。

孔祥军自幼热爱武术，6 岁起即同本村同龄人开始习武，习练少林寺大祖拳、波浪掌、军体拳等。20 世纪 80 年代初慕名拜菏泽知名武术家李良斌为师，成为其入室弟子，随先生系统地学习洪拳基本套路，枪刀棍棒等器械，二郎功、大小罗汉功、八段锦内外八段等内外家功夫，历经数年寒暑，自身武艺达到一个新的境界，现已教授徒弟 50 余人。

大洪拳名人 何茂成

何茂成，1948年出生，菏泽市定陶区人，中共党员，主治中医师。现任菏泽市定陶区黄店镇卫生院副院长，定陶区洪拳协会副主席、鲁西南洪拳研究会副主席。少林洪拳寺内第二十九世、寺外第十四世传人。

何茂成师承李良斌习武学医，擅长洪拳、阴阳掌、二郎功、六郎功等，以武功治病。

1979年分配到菏泽市定陶县东王店卫生院工作，曾多次被评选为先进工作者。在1990—1994年"十佳"活动中连续被评为全县"十佳白衣战士"。1994年被评为全省卫生系统先进工作者。

大洪拳名人 程浩良

程浩良，生于1969年，菏泽市定陶区仿山乡顺河集村人，中国武术六段，定陶区洪拳协会副主席，菏泽市知名武术家，少林洪拳寺内第二十九世、寺外第十四传人。

程浩良出生于远近闻名的武术之乡——顺河集村，自幼耳濡目染，热爱武术，少时即跟随本村老拳师学习传统武术大洪拳，习练各种拳术和器械。20世纪80年代初，慕名拜菏泽市知名武术家，洪拳大师李良斌先生门下，成为其入室弟子，在师父的指导下，习练洪拳套路、拳术、擒拿格斗，刀枪剑棍、钢鞭、七节鞭、状元笔、春秋大刀等各种兵器，内外气功等各种功法。尤其是练成独门绝技仙人挂画，使将要面临失传的绝技重现江湖，功夫展演后，先后受到中央电视台、东方卫视、凤凰卫视、江西卫视、河南卫视等全国各家媒体采访，中央电视台五频道拍摄10余分钟专题片，连续在各家电视台播放，在武林界引起巨大轰动。

2011年获得海峡两岸中华传统武术文化大赛一等奖，2012年获得全国武术洪拳邀请赛一等奖，2013年获得菏泽市洪拳邀请赛一等奖。2014年4月26日参加台湾中华杯全球华人武术大赛，共计19个国家、2000余人参赛，程浩良夺得金牌4枚、奖杯1个。2014年5月11日获得山东省全民健身运动会一等奖。2014年8月8日参加海峡两岸传统武术大赛，获得优秀表演奖。在自身刻苦修炼、参加各种武术展演比赛的同时，积极传播传统文化，培养武术新人，举办洪拳武术培训班，先后培养武术人才700余人，为传承和弘扬洪拳文化，推动山东武术运动的蓬勃发展做出了贡献。

大洪拳名人 董学亮

董学亮，生于 1976 年，菏泽市定陶区半堤镇董小集村人。菏泽华东庄园酒业有限公司董事长，菏泽市开发区洪拳协会主席，少林洪拳寺内第二十九世、寺外第十四世传人，菏泽市知名武术家。

董学亮自幼酷爱武术，少时即随本村老拳师习武，习练洪拳基本套路，枪、刀、棍、棒、鞭等器械。20 世纪 80 年代初慕名拜菏泽市知名武术家、洪拳大师李良斌先生门下，成为其入室弟子，随先生学习少林内外洪拳，枪、刀、剑、棍等套路，不论春夏秋冬、严寒酷暑，从未间断，是先生门下得意弟子。

董学亮积极赞助武术运动事业的发展，先后两次带队参加海峡两岸中华传统武术交流大赛，赞助资金数万元，两次总计获得金牌 26 枚、银牌 18 枚、铜牌 16 枚，被组委会授予优秀组织奖。2018 年和 2019 年被菏泽市武术协会授予全市武术工作先进个人。

大洪拳名人 成世涛

成世涛，中共党员，大专学历，国家一级社会体育指导员，中国武术协会会员，定陶区洪拳协会副秘书长，菏泽市开发区洪拳研究会副主席，菏泽市幼少儿武术研究会主席，少林洪拳寺内第二十九世、寺外第十四世传人。他创办了定陶区小太阳早教中心、菏泽市大成功夫学堂、郓城大成功夫会馆、巨野童星大成功夫学堂。

成世涛被中国关心下一代工作委员会、国家体育总局武术运动管理中心、中国武术协会授予"优秀领队""优秀指导教师"，被菏泽市武术协会授予全市武术工作"先进个人"。

大洪拳名师 王栋

王栋，生于 1975 年，菏泽市定陶区陈集镇保宁集人，大学学历，中共党员。洪拳名师李良斌先生门下弟子，少林洪拳寺内第二十九世、寺外第十四世传人。菏泽市开发区洪拳协会副主席。

王栋自幼随恩师李良斌学习少林洪拳，20 世纪 80 年代曾多次随师参加各种比赛，后因上学就未再参加比赛。1998 年菏泽医学专科学校毕业，一直在保宁卫生院工作，自 2011 年任定陶区陈集镇保宁卫生院院长至今。2018 年 8 月份定陶区陈集镇划归开发区代管，单位名称变更为菏泽市经济开发区陈集镇保宁卫生院。

王栋出生于武术之乡，自幼酷爱武术，少时即从本村老拳师学习传统武术，为使自身武术向更高层次发展，拜李良斌为师，学习洪拳基本套路，枪、刀、棍、棒等武术器械，并坚持内外兼修。

考入菏泽医学专科学校以后，他秉承武医兼修的原则，在业余强化武术锻炼的同时，刻苦学习各项医学专业课程，取得了优异成绩，武艺医术获得了长足进步，为以后进入工作岗位，弘扬武术医学文化打下了坚实基础。在工作岗位上他不断进步，从一名普通医师成长为基层卫生院管理人员和主要负责人，本单位连续多年被评为先进基层卫生院，本人连续多年被评为先进工作者和模范共产党员，为弘扬中华武术事业和基层医疗卫生业做出了突出贡献。

大洪拳名人　路尔芹

　　路尔芹，1957年出生，菏泽市定陶区黄店镇大午集村人，现任定陶区洪拳协会副主席，少林洪拳寺内第二十九世、寺外第十四世传人。

　　路尔芹自幼随师父李良斌习武，学习认真，刻苦锻炼，一直坚持50多年不松懈，曾多次参加国家、省、市、县级武术比赛并获奖。2013—2019年参加多届海峡两岸中华传统武术文化交流大赛，荣获男子组四类拳一等奖、男子组单器械一等奖。2015年参加菏泽市首届"明胜杯"演武大会，荣获男子组单器械一等奖。2015年在山东省定陶县洪拳协会武术展演中，荣获优秀表演奖。

大洪拳名人 解传江

解传江，生于 1973 年，菏泽市定陶区马集镇张圈行政村解庄村人，现任菏泽市博瑞物流有限公司董事长、菏泽市洪拳协会和定陶区洪拳协会副主席，菏泽市知名武术家，少林洪拳寺内第二十九世、寺外第十四世传人。

解传江自幼酷爱武术文化，打小练武，身体健壮。20 世纪 80 年代慕名拜菏泽知名武术家、洪拳传承人李良斌为师，成为其入室弟子，随先生习练大洪拳基本套路，枪刀棍棒等器械，兼修内外家功夫，尽得真传，成为其得意门生。

除习练武术外，解传江积极参加社会主义现代化建设，兴办经济实体，2016 年注册资金 500 万元兴办菏泽博瑞物流有限公司，现拥有各种车辆 300 余辆，固定资产达 8000 余万元，每年向国家缴纳利税 200 万元。

解传江致富不忘支持传统武术事业的发展，2018 年出资万元赞助海峡两岸中华传统武术文化交流比赛，亲自带队组团 80 余人参加赛事活动，斩获金牌 30 枚、银牌 25 枚、铜牌 20 枚、在菏泽市产生重大反响。

大洪拳名人 黄汝俊

黄汝俊，生于1951年，菏泽市定陶区黄店镇黄西村人，中共党员，建筑公司中级工程师。少林洪拳寺内第二十九世、寺外第十四世传人，定陶区洪拳协会副主席。

黄汝俊自幼随父亲黄洪成习武，学习认真刻苦，熟练掌握洪拳各类拳路、洪拳硬气功，以及刀枪剑棍等各种武术器械的使用。后又拜李良斌门下，继续苦练洪拳硬气功、阴阳掌等。多年来，只要当地有大建筑工程都必须邀请他参加。1990—1992年在支援内蒙古的工作中，曾为内蒙古扎赉特旗建设亚硫酸厂、糠醛厂、面粉厂、塑料钢窗厂等，都荣获优良工程建筑奖。

大洪拳名家 孔凡梅

孔凡梅，女，生于1961年，菏泽市定陶区马集镇丁楼行政村后邵楼人，定陶区尧舜文化发展有限公司董事长。菏泽市道教界知名人士，定陶区河滨上清宫道长，山东省道教协会原会长刘怀远、河北省道教协会常委邓元富先、菏泽市知名武术家洪拳大师李良斌门下弟子，少林洪拳寺内第二十九世、寺外第十四世传人。

孔凡梅性格豁达开朗，为人仗义，颇具男子汉风采和阳刚之气。20世纪六七十年代其家乡一带老百姓素有习武习惯，耳濡目染使她爱上武术，少时即与本村姑娘小伙一同习武，学习传统拳术。20世纪80年代初，慕名拜李良斌门下，成为其授业弟子。多年来在积极传播弘扬道教文化的同时，不辞劳苦随师学习洪拳内外家功夫、内外八段，使道家文化和武术运动完美结合，达到新境界。

孔凡梅不仅自幼酷爱武术，而且热心赞助支持传统武术事业，曾先后3次捐资3万元，带队参加在菏泽、香港、澳门举办的海峡两岸中华传统武术文化交流大赛展演大会，均取得骄人成绩，产生了很大的影响。

大洪拳名人 牛月建

牛月建，1978年出生，菏泽市定陶区人，中共党员，大专学历，定陶区洪拳名师李良斌先生门下弟子，少林洪拳寺内第二十九世、寺外第十四世传人，定陶区洪拳协会副秘书长。曾任菏泽市张湾镇中心卫生院院长，现任菏泽市定陶区马集镇力本屯卫生院院长。

牛月建自幼热爱武术，随当地老拳师学习传统武术文化，武术有一定的造诣。20世纪90年代初拜在武术名家李良斌先生门下为徒，学习洪拳基本套路，刀枪棍棒等器械，一年四季坚持刻苦锻炼，风雨无阻，使自身有了一个强壮的体魄，为以后学医打下了坚实的基础。进入卫生院以后，坚持武医兼修，刻苦钻研医术和医学管理，成长为一名基层卫生院院长。

大洪拳名人 史乃收

史乃收，生于 1956 年，菏泽市定陶区黄店镇大午集村人。少林洪拳寺内第二十九世、寺外第十四世传人，山东省定陶县洪拳协会副主席。

史乃收自幼随师父李良斌习武，学习认真刻苦，坚持 50 多年不松懈，曾多次参加国家、省、市级武术比赛，并多次获奖。2013—2019 年连续在海峡两岸中华传统武术文化交流大赛中荣获男子组四类拳一等奖、男子组单器械二等奖。2015 年在菏泽市首届"明胜杯"演武大会上，荣获男子组单器械二等奖。2015 年在山东省定陶县洪拳协会武术展演中，荣获优秀表演奖。2019 年在菏泽市首届传统武术联赛中，荣获男子组传统拳术二等奖。

大洪拳名人 刘玉波

刘玉波，1976年出生，菏泽市定陶区人，本科学历，中共党员，国家中医执业医师，菏泽市疑难杂病研究所会员，定陶洪拳协会副秘书长，少林洪拳寺内第二十九世、寺外第十四世传人。他出身中医世家，习武后先后参加本县、本市武术比赛，均取得良好成绩，受到同行的称赞。

刘玉波在上学期间一直未间断习武，毕业后在本村随父行医，继续习武，并拜在李良斌门下学习洪拳、硬气功及中医骨伤。

1997年，在县体委举办的迎回归2001青少年武术联谊赛中获得全县第二。

2004年，通过学习考试，获得全国承认学历的高级康复师证。

2005年1月，结业于河北石家庄儿童传统中医绿色疗法高级研修班。

2003年6月，在基层非典预防中获得县先进个人称号。

2008年，在全市疑难杂病研究中获得菏泽市科协、菏泽市卫生局颁发的优秀先进个人奖。

2013年9月，考取国家中医执业医师。

2018年，个人自筹资金建设定陶众馨医院，担任院长职务。医院开设内科、外科、中医科、妇科等科室，为就近居民提供良好的就医环境，受到各级领导及周边居民的高度赞扬。

大洪拳名师 朱丙亭

朱丙亭，1964年出生，菏泽市定陶区朱楼人。自幼随恩师李良斌练大洪拳，勤奋好学，善意结友，取长补短，得到恩师的器重，后又得到洪拳名师马守义、付克轩两位老师的亲授，成为大洪拳一代名师。

1977年定陶县开源武校成立，他担任总教练、副校长。2001年当选为菏泽市洪拳协会副主席。2003年被菏泽市赵登禹武校聘为招生办主任。

多年来在国家、省、县区各种大赛上荣获金牌12枚、银牌17枚、铜牌9枚。2019年以优异的成绩参加了中华人民共和国70周年庆典，同年参加了中国武术高峰论坛会议，获得证书及奖牌。在2020年网络大赛上，荣获"传统武术名家"称号。

经过40余年的苦练研究，他学会了大洪拳，剑、枪、刀、棍等套路器械，同时对大洪拳的功法、理法、技击法有了深刻的认识和掌握。在多年习武练功的基础上，他总结武术流派、武术的历史、武术的理论和武术的搏斗技能，得到各界武术研习者、爱好者的好评。为了使大洪拳不失传，他带徒授艺，坚持风雨无阻地习练。随着年龄的增大，他感到传承危机，通过申报大洪拳传承人，让更多的人了解学习掌握传统武术。

其武术修为和德行受到了社会各界的高度赞许，慕名拜师弟子10余人。在教授武技的同时，他以身为榜教武德，言传中华传统文化，为继承本土大洪拳非物质遗产传承文化做出了贡献。

大洪拳名人 蔡生亮

　　蔡生亮，1963年出生，菏泽市定陶区张湾镇蔡楼人。1974年加入定陶县东关武术队，跟随李宝华老师学习武术。1978年由城返乡跟随恩师蔡忠俊系统学习少林大洪拳。1983—1984年在蔡忠俊、蔡忠起两位师父的带领下，先后赴多省打拳卖艺，弘扬传统武术。1985年参加了县体委在庆莲武馆举办的武术比赛，获对练第一、全能第二。1986年在济南参加了于海老师执教的山东省第一届教练员培训班。1987—1989年跟随蔡忠俊师父在安徽萧县传授武术，其间参加了王守义老师在县体委举办的教练员学习班。1989—1991年赴青岛崂山太清宫，跟随匡常修道长学习武当崂山拳。1992—2019年在福州曜阳胜杰有限公司负责安保工作。在闽期间结识了混元太极传人金泉焰，跟随金老师学习了混元太极。2020年参加了市洪拳协会举办的首届武术散手培训班，跟随朱思年师叔学习洪拳散手。

　　在习武的几十年里，曾多次参加县、市级武术比赛，并多次获奖。

大洪拳名人 蔡海彦

蔡海彦（蔡海燕），1965年出生，菏泽市定陶区张湾镇蔡楼村人，菏泽洪拳第四代智字辈传人。8岁随本村洪拳拳师蔡忠俊、蔡生节、蔡忠起习练洪拳，颇得真传，集洪拳单人拳术、单人器械、拳术对练、器械对练、技击、硬气功等于一身。18岁跟随师父蔡忠俊、蔡忠起及同门师兄弟外出去河南、山西、陕西、江苏、安徽等多地打拳卖艺，拜访名家，博采众长，提升自身技艺。所到之地，多有拜师学艺之人，随之推广传授洪拳。经过多年的刻苦练习，终于形成了自己独特的风格：攻势凌厉，爆发力强，能以迅雷不及掩耳之势，一招制敌。硬功颇见其长，能表演钢筋锁喉、头顶开砖、石磙上身等高难度动作。从1980年开始收徒传艺，在本村收徒10余人，在附近村庄蜜粉李、张府家、绳李庄、南蔡楼、曹县、牡丹区以及河南民权等地收徒百余人。曾追随师父蔡忠俊在安徽淮海武校担任教练多年。蔡海彦在当地及众师兄弟中颇有声望，被众师兄弟推举为带头人。自接管蔡楼武术队后，致力于传承发扬洪拳，曾先后带领师兄弟及弟子们参加各类省、市、县级武术比赛、展演、文艺演出等活动，多次获得嘉奖，受到举办方和到会领导的一致肯定。他个人多次被菏泽市武术协会、菏泽洪拳协会、定陶区文化局、定陶区洪拳协会评为先进个人、优秀传承人。

大洪拳名人 蔡新录

蔡新录，生于1963年，菏泽市定陶区张湾镇蔡楼村人。1976年加入本村武术队。1983—1984年在师傅蔡忠俊、蔡忠起的带领下，去各省打拳卖艺。1985年参加县武术比赛，获对练第一名、棍术第三名。1987年参加地区武协举办的教练员培训班、裁判员培训班。1989—1991年在安徽萧县大屯区任教。1998—2000年在定陶县开元武术学校任教练。从2011年起共参加六届海峡两岸中华传统武术文化交流大赛，多次荣获一、二等奖。2020年参加市洪拳协会举办的首届武术散手培训班，随朱思年师叔学习散打。多年来多次参加市县级武术比赛，以及洪拳协会组织的乡镇武术表演。

大洪拳名人 张祖光

张祖光，1975年出生，中共党员，大专学历。洪拳名师李良斌门下弟子，少林洪拳寺内第二十九世、寺外第十四世传人。学习少林洪拳已30年有余，曾随恩师数次参加各种比赛。1994年7月毕业于曹县卫生职业中专，2015年1月函授于泰山医学院。现任定陶洪拳协会副秘书长，菏泽市定陶区仿山镇卫生院院长。

张祖光自幼酷爱武术，年幼时即跟随本村老拳师学习武术，90年代初拜武术名家李良斌为师，随其学习洪拳基本套路、刀枪棍棒剑鞭等武术器械，无论春夏秋冬，坚持不懈锻炼，使自身武术技能有了长足进步。

进入医学专业院校以后，秉持武医兼修，业余不丢功夫，坚持武术锻炼，刻苦学习各项医术专业知识，尤其酷爱中医传统技术，对针灸、推拿、拔罐、正骨等传统技能有独到的研究，使自己修炼的传统武术和中医文化达到很好的结合，成为远近闻名的中医师，后成长为基层卫生院主要负责人，为弘扬中华传统武术和中医药事业做出了贡献。

大洪拳名人 蔡后玉

　　蔡后玉，1972年出生，菏泽市定陶区张湾镇蔡楼人。自幼跟随恩师蔡生亮学习少林大洪拳。1985年代表张湾乡参加了县体委在庆莲武馆举办的武术比赛，获少年组对练第一，拳术、刀术及全能第三。1992—1993年在县体委武术专业班，跟随刘军、李本修二位老师学习。1995年参加了苏鲁豫皖四省武术比赛，获对练第一、拳术、棍术第二。1996—2005年跟随师爷蔡忠俊在安徽淮海武校担任武术教练，在校授徒十几年，曾多次带队参加安徽省武术比赛，并获得优异的成绩。2000年参加了安徽省教练培训班，获一级教练员称号。2011—2018年连续参加了六届海峡两岸中华传统武术文化交流大赛，并多次荣获一、二等奖。其弟子黄文全在河北廊坊区成立了少林大洪拳协会，如今也桃李满园。

鄄城县洪拳协会名人录

大洪拳名家 梁乃运

梁乃运，菏泽市鄄城县陈王街道崔柳行村人，省级非物质文化遗产——鄄城县大洪拳智字辈传人，鄄城县大洪拳协会副主席（法人代表），菏泽市洪拳协会名誉主席。自幼拜在洪拳大师马体林门下，学习大洪拳。后响应国家号召参军入伍，历任班长、教练员、支左工作组组长等。转业后在鄄城县副食品公司任职。多年来，坚持传习鄄城大洪拳，利用一切机会发展、弘扬鄄城大洪拳。2010年领导成立了鄄城县大洪拳协会，同年主持申报了省级非物质文化遗产。2012年带队参加菏泽市洪拳协会主办的全国武术邀请赛，取得骄人成绩。2015年4月，带队参加菏泽市首届演武大会，获得一等奖6个、二等10个、优秀运动员1个、优秀组织奖和道德风尚奖各一个。2015年8月带队参加在菏泽举行的第三届海峡两岸中华传统武术文化交流大赛，获得一等奖14个、二等奖10个、集体二等奖一个、优秀组织奖和精神文明奖各一个。9月份派队员参加在台儿庄举行的山东省全民健身运动会传统武术比赛，获得一等奖3个、二等奖3个、三等奖2个。参与了在鄄城人民广场举行的新春武术展演、劳动节舞狮表演、纪念抗日战争胜利七十周年及建军节庆祝演出，并带队赴江苏丰县参加了中国丰县梨花节开幕式和武术文化交流活动。2015年春天，弟子宋洪志开山收徒100多人，为鄄城大洪拳今后的传承和发展补充了新的力量。

大洪拳名人 李新潮

李新潮，1974年出生，菏泽市鄄城县人，大学文化，知名武术家、诗人、作家和教授，第十三届区政协委员，市足协副主席，《精品阅读》山东分社社长，多个栏目签约作家，作品在百度、网易、搜狐、网易、凤凰新闻、一点资讯等各网媒传播。现任菏泽市公安局定陶分局特警大队副大队长，定陶区洪拳协会副主席。洪拳传承人，少林寺内第二十九世、寺外第十四世传人。师承李良斌，武艺精湛，武德可敬，擅长套路、功法、擒拿。作为警察教官，曾荣获全国优秀教官、山东省金牌教官、二等功臣。

大洪拳名家 张德正

张德正，1929年出生，菏泽市鄄城县闫什镇铁炉庄村人，中共党员，离休干部，大洪拳信字辈传人，现任菏泽市洪拳协会名誉主席、鄄城县武术协会副主席、鄄城县大洪拳协会主席。他14岁参加儿童团，后又参加农会。1946年，年仅17岁参加了中国共产党。1952年由于革命的需要组织上调他到县城工作，历任鄄城县农机厂厂长、运输公司书记、酒厂书记、味精厂书记。

张德正自幼酷爱武术，14岁拜在张怀都、黄广勋大师门下学习大洪拳。后经名扬五省的武术大师马体林师爷的精心传教，武功渐达炉火纯青，十八般武艺样样精通。在一次奉命深入敌区侦察时，被敌人发现遭到便衣特务的围追，他施展所学武艺，接连击倒十几个敌人，连翻院落墙头数十道得以脱身。后来他说这是大洪拳救了他一命，更加刻苦练习武术技艺。他一贯谨遵"十大门规"，从不在别人面前炫耀自己，武德高尚。他一边工作一边设场传拳，授徒150余人，培养了一大批优秀武术人才。1980年被选为鄄城县武术协会秘书长、副主席，菏泽地区武术协会副主席。

同少林寺住持素喜大师合影

同武林泰斗马体林师爷合影

退休后，本该颐养天年的他反倒老当益壮，更加热情地为武术事业奔走不息。他的家成了五省大洪拳的联络点，像一条纽带连着五湖四海，为大洪拳的传承和发扬光大发挥了巨大的作用。为了摸清大洪拳的传承体系，他曾二上清丰孟焦府，三下嵩山少林寺，与素喜大师、德虔大师结下深厚的友谊。

20世纪80年代，他全力相助成立了郓城宋江武校。先后指导和参与创办了黄岗武校、孙膑武校、中州武校、魏武武校、仝堂武校等6处武术馆校。申报并通过审批了军集、军屯、引马、红船、刘灿武、朱李庄、崔柳行等十几个武术村。并在耄耋之年主持编撰了《少林罗汉大洪拳拳谱》1~4卷。1992年被鄄城县体育运动委员会授予"德高望重一代宗师"的光荣称号，获赠匾额一块。他培养了一大批武术英才，如陈勇、马德义、张全银、谌中立、韩金盼等，同时也为提高人民身体素质、丰富群众文化生活发挥了重要作用。

2010年5月，82岁高龄的他主持成立了鄄城县大洪拳协会，获得了社会各界的大力支持和广泛好评。2012年组织参加了中国菏泽（洪拳）传统武术邀请赛，为取得理想成绩专门组织了代表队集训。功夫不负有心人，此次比赛获得了惊人的好成绩。2013年组织参加了海峡两岸中华传统武术文化交流大赛。获得了40多枚奖牌，硬气功参加了开幕式的表演，有7人获得晋升段位的资格。同年组队参加了在济宁举行的第三届全省传统武术比赛。2013年5月在鄄城大洪拳被批准为山东省非物质文化遗产之际，成功举办了鄄城县大洪拳协会成立三周年庆典，庆典非常成功，社会各界都给予了很多支持。

大洪拳名家 黄德忠

　　黄德忠，生于1941年，菏泽市鄄城县什集镇黄口村人，鄄城县大洪拳协会副主席、黄口分会会长，自幼拜洪拳大师李秀庭为师，习练传统名拳大洪拳，信字辈传人，山东省非物质文化遗产（鄄城大洪拳）传承人之一。

　　黄德忠自幼酷爱武术，勤奋好学，刻苦实练，几十年如一日，从无懈怠，练就一身过硬功夫。他特别注重基本功法的练习，单拳五花炮、阴阳掌打得出神入化，其他拳术技能也运用自如，各种器械无不精通。但他仍思进取，不断与同行相互交流，取长补短，博采众长，提高自己的技艺，从而达到精益求精。他不但武艺高强，且武德高尚，在什集一带威望很高，有较大的影响力，堪称德艺双馨，因而投师者络绎不绝，在本村和附近的什集、白集、李胡庄及其江苏的沛县、河南的滑县与濮阳等地教授20余场。其弟子500余人，其中黄远金、陶俊望、黄勇、苏本强、黄飞、黄如海等较为出色，均已开馆授徒，为大洪拳的传承、发展和壮大做出了贡献。

大洪拳名家 朱道运

朱道运，1952年出生，菏泽市鄄城县凤凰镇朱李庄村人，现任鄄城县大洪拳协会副主席。山东省第三批非物质文化遗产——大洪拳信字辈传人。

朱道运出身于武术世家，自幼练习大洪拳，12岁随师爷马体林习武，后拜文武双全、德艺双馨的武术大师——宋江武校创始人黄广勋为师继续深造，学武8年间寒暑不曾间断。他勤学好问、吃苦耐劳，通过多年的刻苦研习，功夫日臻上乘，传统拳术、器械、对练等样样皆通，尤其擅长散打技击，不论长击远打还是挨身靠打，其妙术绝伦，凭武功威震黄河两岸。在省、市武术比赛中曾获得鞭术第一名，刀、鞭、枪、拳四项全能冠军。1985年获鄄城体育运动委员会"先进工作者"称号，1986年获菏泽体育运动委员会"先进工作者"称号。1995年获第二届全国民间武艺精粹邀请赛对练一等奖。后开始传拳授业，曾到江西省新余市、河南省周口市、河北省沧州市、江苏省等多省市授徒，教场40余处，授徒数千人，威名远扬。从1979年起被宋江武校聘为传统武术总教练，培养了一批又一批武术英才，其中国家级武术冠军3名、省级10多名，在全国各地任武术教练者不计其数，在体育工作岗位上也大有人在，如周红科、于忠祥、于建国、于祥斌、张宝华、马德义、谌中立、赵张伟、张全银、谌学岭、孙明涛、孙义山、孙学勇、赵传厚、侯善玲、李金玲、南越锋、刘长远等。

大洪拳名家　朱德玉

朱德玉，1950年出生，菏泽市鄄城县闫什镇军集村（武术村）人，嵩山少林寺第三十世寺外僧人，大洪拳信字辈传人，鄄城县大洪拳协会副主席。

朱德玉自幼拜一代宗师陈昌茂、孙守礼二位先生为师，勤学苦练，从无间断，随师打拳、卖艺、教场、传技。习武60余年，练就一身功夫，动如脱兔、定似磐石，各种拳术演练起来以意领气、以气催力、内外合一、三节相连，力发四梢，手法曲而不曲，直而不直，滚出滚入，内静外猛，刚柔相济，各种兵器样样精通，且擅长气力功夫。他培养出了一大批武术人才，遍布周围村庄，辐射安徽、江苏、甘肃、新疆等地，如新疆生产建设兵团的刘广杰、甘肃渭源县的赵春辉、康乐县的刘银、和政县的王志胜、临洮县的杨洪海与朱少龙，本村的王传瑞、朱金刚、王传华、马志强等。在传授拳技的同时更注重武德的教育，要求弟子们德技双进，严格遵守大洪拳"十大规则"和"五条须知"，众弟子没有一个违法违纪的，受到人们的认可和尊敬。

利用业余时间，他整理编辑了武术对练套路、单练和对练器械套路50余套，现掌握各种套路200余套，为大洪拳的传承和发展做出了贡献。

大洪拳名师 卞好政

卞好政，1956年出生，中国武术协会会员，中国武术六段，现任菏泽市洪拳协会副主席、副秘书长，鄄城大洪拳协会秘书长，山东省非物质文化遗产鄄城大洪拳传承人，少林第三十世寺外僧人，大洪拳信字辈传人。

卞好政自幼受家人熏陶，喜爱武术，习练单拳与刀法，后师从于鄄城县军集村陈昌茂、郓城黄岗村黄广勋和崔柳行村梁乃运三位武林名家，习练大洪拳，从此与大洪拳结下了不解之缘。同时经常受教于牡丹区马垓村马体林师爷。他对拳术理论和技法情有独钟，热衷于学习和积累，且博采众长，融会贯通，举一反三，创编了单拳"阳光散手""离门追风"，整理编辑了"大洪拳擒拿七十二法""大洪拳七十二摔法""大洪拳三百六十打""大洪拳功法十二势""大洪拳解困三十六法"《内与外、动与静、刚与柔的关系》等。曾荣获菏泽市洪拳协会第四届武术工作"特殊贡献奖"，多次组织和参加了省内外大型武术比赛并获得佳绩。2021年为《中国洪拳》一书提供了大部分理论资料，且为主笔，为大洪拳的传承和发展做出了一定的贡献，得到了武林同仁和有关部门的认可。

大洪拳名师 孙洪慈

孙洪慈，1955年出生，菏泽市鄄城县闫什镇军集村（武术村）人，少林寺第三十世寺外僧人，大洪拳信字辈传人，鄄城县大洪拳协会副主席。

孙洪慈自幼受父亲孙守礼的熏陶，酷爱武术，习练大洪拳、棍法及单拳套路。在家传的基础上，拜本村武术大师陈昌茂为师，习练大洪拳至今。他习武勤奋刻苦，从不说苦怕累，有不服输的钢铁意志，年复一年，练就一身过硬本领。他演练的大洪拳，动作朴实，结构严谨，动静相间，刚劲有力，出手稳、准、狠、疾，别具一格，各种器械得心应手，运用自如，且力大无穷，人送外号"黑罗汉"，曾多次参加省内外大型武术表演和比赛并获得佳绩。他和师兄朱德玉一起习武传技，授教弟子遍布周围村庄，如郑营郝庄的李镇桥、李镇水，冯庄的冯春英、冯善华，付庄的付长智、付套锁，王屯的李长远、戴季省，闫什镇山西李庄的郭良庆、李辉雷，路海的董金道、路发印，引马镇胡庄的毛来想、毛明立，范庄的范士林、范士欣，本村的陈昌美、陈光柱、陈光营、陈昌亭、马志强等，辐射到安徽、河北、甘肃等地，培养了一大批武术人才。

大洪拳名师 谭九川

谭九川，1960年出生，菏泽市鄄城县陈王街道谭庄村人，少林寺第三十世寺外僧人，大洪拳信字辈传人，鄄城县大洪拳协会副主席。

谭九川自幼受父亲谭占军的熏陶，酷爱武术，在家传的基础上，拜鲁西南著名武术大师黄广勋先生为师，习练大洪拳，勤奋刻苦，几十年如一日，从无间断。曾多次参加省内外大型武术表演和比赛并获得佳绩。

2012年8月获山东省传统武术（洪拳）交流大赛一等奖。

2014年8月获海峡两岸传统武术交流大赛拳术一等奖、器械二等奖。

2015年4月获中国·丰县苏鲁豫皖梨花节武术交流大赛一等奖。

2019年8月获山东省海峡两岸传统武术交流大赛一等奖。

他培养了一大批武术人才，教授弟子遍布周围村庄及旧城、范县、清丰等地。

大洪拳名人 邢成伍

邢成伍，1962年出生，菏泽市鄄城县旧城镇西街人，少林寺第三十世寺外僧人，大洪拳信字辈传人，鄄城县大洪拳协会副主席。

邢成伍自幼受父亲的熏陶，酷爱武术，习练大洪拳，后拜本地著名武术大师任茂美先生为师，习练大洪拳至今。他习武努力刻苦，勤奋好学，各种器械得心应手，运用自如。他牢记大洪拳十条规则和习武须知，并经常教育弟子们学艺先学德，遵纪守法，不能以力欺人，不能夸己无人，要谦虚谨慎、尊重师长、尊重武术同仁，得到了同仁们的好评。他培养了一批德艺双馨的武术人才，参加省内外大型武术表演和比赛并获得较好的成绩。2017年获东南卫视中国武术世界行武术交流大会一等奖。2018年获海峡两岸中华传统武术文化交流大赛一金一银。

大洪拳名师 刘传东

刘传东，生于1965年，菏泽市鄄城县红船镇刘桥村人，大洪拳信字辈传人，中国武术协会会员，鄄城县大洪拳协会副主席、红船分会主席。

刘传东自幼喜爱武术，16岁拜在一代武术名家陈昌茂门下，习练大洪拳至今。他心里装着大洪拳，脑子里想着大洪拳，经常琢磨着怎样发扬光大大洪拳，他演练的大洪拳刚劲有力，朴实大方，架势优美。他多次参加省内外大型武术比赛并获得佳绩，曾一次就荣获奖牌3枚。

为扩大大洪拳在鄄城东部的影响，他牵头成立了鄄城大洪拳协会。现在门下弟子王思领、孙保存等已做教练，收徒数百人。

大洪拳名师 马志强

马志强，1961年出生，菏泽市鄄城县闫什镇军集村（武术村）人，鄄城县大洪拳协会军集分会会长，山东省非物质文化传承人之一，军集武馆馆长。

马志强自幼酷爱武术，拜本村武术大师朱德玉、孙洪慈为师，习练大洪拳，闻鸡起舞，刻苦实练，从无懈怠。他善于钻研拳术理论与拳术技术技法，理论与技法底蕴丰厚，拳术基本功扎实，是一位难得的拳术全才。他动作迅猛，步法清晰灵活，技力到位，十八般武艺样样皆通，掌握单拳与对练器械、单练与对练套路60余套。他多次参加省内外的大型武术表演和比赛，获金银牌数枚。他在本村创办了大洪拳功夫培训中心，重点传授大洪拳传统套路及功法、技法，数年来培养了1000余名少年学员。他爱徒如子，精心指导，并教育弟子遵纪守法，爱党爱国，严格遵守大洪拳"十大规则"和"五条须知"，使弟子们德技双修。50余名弟子，分赴省内外担任武术教练，如引马镇刘庄的张鑫，苗杨庄的杨德辉，郑营镇冯庄的冯春雷，闫什镇路海的路文彪，军集的王腾、陈卓、陈大洋等，为大洪拳的传承和发展做出了贡献。

大洪拳名师 刘维鑫

　　刘维鑫，1972年出生，中共党员，鄄城县第十二中学办公室主任，鄄城县大洪拳协会常务副秘书长，鄄城恒巍武术俱乐部总教练，中国武术六段，省级武术裁判员，山东省非物质文化遗产鄄城大洪拳孝字辈传承人。自幼拜鄄城县著名武术教练刘厚才为师，习练大洪拳。2010年5月参与成立鄄城县大洪拳协会，同年参与申报省级非物质文化遗产，2013年6月成立鄄城县恒巍武术俱乐部，开设专业班、业余班和暑假短训班，传授大洪拳基本功、拳术、器械、对练及"仁义礼智信、孝悌忠爱诚"等武德、国学文化。

　　2014年春天，开山收徒，把素质突出、品行端正的26位学员收入门下，成为鄄城大洪拳悌字辈传人，为鄄城大洪拳的传承和发展补充了新的力量。2016年恒巍武术俱乐部被菏泽市武术运动协会授权为鄄城县中国武术段位制考评点。刘维鑫和俱乐部被菏泽市武术运动协会、菏泽市洪拳协会连年评为武术工作先进个人和先进单位，被市文化局评为优秀非物质文化遗产传承人。

　　刘维鑫非常重视"武术进校园"工作，在他任职的鄄城县第十二中学，成立了学生武术训练队，利用体育课积极向学生传授大洪拳的基本动作，并在全市中学生运动会上编排了120多人的大型武术表演节目，增进了学生对武术的了解，增强了学生的身体素质。刘维鑫积极弘扬武术文化，适时在鄄城人民广场举行迎新春武术展演、劳动节舞狮表演、纪念抗日战争胜利七十周年及建军节庆祝演出等活动，并受江苏丰县邀请组团参加了中国丰县梨花节开幕式和武术文化交流活动。

　　2012年组织参加首届海峡两岸中华传统武术文化交流大赛，所带队伍斩获金牌22枚、银牌18枚。2015年4月，恒巍武术俱乐部组队参加了菏泽市首届演武大会，获得一等奖6个、二等奖10个，优秀运动员、优秀组织奖和道德风尚奖各1个。2015年8月，组队参加了在菏泽举行的第三届海峡两岸中华传统武术文化交流大赛，获一等奖14个、二等奖10个，优秀组织奖和精神文明奖各1个。2016年8月19日至21日，在菏泽曹州武术馆举行的第四届海峡两岸中华传统武术文化交流大赛上，鄄城县大洪拳协会各代表队共获得一等奖58个、二等奖44个，其中恒巍武术俱乐部获一等奖26个、二等奖10个。刘维鑫现有四段以上弟子8人，从事武术教学的弟子11人，在专业队训练的弟子6人。

　　刘维鑫在平凡的岗位上奋斗着、奉献着，为非物质文化遗产——鄄城大洪拳的继承保护和弘扬发展贡献着自己的力量！

大洪拳名人 范恩京

范恩京，1967年出生，菏泽市鄄城县彭楼镇东范庄人，大专文化，中共党员，中国武术五段，鄄城县太祖洪拳协会会长。

范恩京自幼天资聪明，勤奋好学，更有洪拳名师范贯习言传身教，练就一身过硬本领。1983年选入菏泽地区体校武术队。1988年在宋江武校散打队学习，两年后因成绩优异而留校任教。

1990年以后他多次参加国内比赛，取得了较好成绩，所获荣誉证书、奖杯及奖牌不胜枚举。1992年在山东省民兵训练大比武中获得"优秀指导员"及"个人特优标兵"称号；1993年参加郑州市举办的群英会节目，获得70公斤级散打第三名；1995年8月参加济南武术散打邀请赛，获得75公斤级银牌；2018年11月获得国家体育总局颁发的"社会体育（二级）指导员"证书。

2018年在一些老拳师的帮助下，他带领有关人员成立了太祖洪拳协会，同年4月建立了太祖洪拳文化展览室，且成功申请了市级非物质文化遗产，为更好地发展太祖洪拳还建成了演武大厅，为太祖洪拳协会的发展做出了重大贡献。

大洪拳名人 范恩忠

范恩忠，生于1965年，菏泽市鄄城县彭楼镇东范庄人，太祖洪拳传人，现任鄄城县太祖洪拳协会副会长。

范恩忠出身武术世家，自幼随父亲习练大洪拳，他天资聪颖，又勤奋好学、用心钻研，遂练成一身精湛的武功。此外，他在传统功夫、搏击及拳术器械（关东、关西功夫大架及四路小架、五路打、梢子棍、三节镗、盘龙刀、三十六棍等兵器）套路的演练及诠释等方面，也取得了一定的成绩。他与同仁切磋，又遍访老拳师，再加上自己钻研演练，遂悟透、整理出一套较完整的拳法。

作为太祖洪拳的传承人，他深知传统武术的博大精深，多年来，他谦虚好学、认真钻研、兢兢业业，把发展和传承武术事业当成自己义不容辞的责任，为扛起太祖洪拳这块武术招牌，为武术事业的发展，奉献着自己的汗水和热血。

大洪拳名人 高志民

高志民，1970年出生，菏泽市牡丹区黄堽镇大高庄村人。他有武术天赋，10岁开始练武，拜高尚梦大师为师，学习武术基本套路。为了拓宽眼界，提高技能，又通过各种途径向周边有威望的练武之人学习其所长。通过十几年的刻苦练习，他的武术动作如行云流水，忽高忽低、忽左忽右、忽快忽慢，一招一式、一动一静，都能显现出不凡的功底。

他经常说，未曾习武先修德，武德修养是一个武术人永远逃不掉的主题，武德修养可能没有上限，但是有底线，他认为坚守自己的本分就是底线。作为武术人，就要传承发扬武术事业，让武术事业为大众健康服务。在他的影响下，跟随他习武之人有100多人。

因为功夫好，动作敏捷，他参加了家乡的舞狮队。舞狮是中国传承千年的国粹，是中华民族的文化瑰宝之一，也是社会大众喜闻乐见的运动项目。他带领舞狮队，积极参与各项公益事业，多次参加市、县、乡举行的文艺活动，为家乡的文化发展、为推动公益事业的发展，做出积极的贡献。

大洪拳名人 范贯洋

范贯洋，生于1969年，菏泽市鄄城县彭楼镇东范庄村人。中国武术六段，现任菏泽市洪拳协会副主席、鄄城县太祖洪拳武术协会秘书长。

他自幼酷爱武术，十几年如一日，苦练不懈，练成拳术"四击、八法、十二型"，练就一身好武艺。

范贯洋为武术事业的传承、发展呕心沥血，辛勤付出，在他的辛苦奔波、筹措下，鄄城县太祖洪拳武术协会最终成立。

自协会成立之后，作为秘书长的他，又为鄄城县太祖洪拳申请非物质文化遗产项目辛勤工作，他编写申请报告，整理项目申报书，汇集各种材料，奔跑于多个地方、多个单位，最终，鄄城县太祖洪拳成功申请鄄城县非物质文化遗产项目和菏泽市非物质文化遗产项目。

他捐款出资，带领武术团队，多次参加全国、市、县、乡镇级的各种武术比赛、邀请赛、武术展演、汇演等活动，并取得了辉煌的成绩。同时，他在学校、乡村进行宣传，鼓励青少年学习武术，成立少年武术队，在他的号召下，已有100多名热爱武术的青少年成为协会会员。

宝剑锋从磨砺出，梅花香自苦寒来。范贯洋，一个平凡的武术人，在自己的不懈努力下，却取得了非凡的成绩，一块块金光灿灿奖牌、一本本烫金的红色证书，就是最好的证明。

1991年，带领东范庄武术队，参加中国菏泽首届牡丹花会狮王争霸赛，荣获金牌。

2013年，参加海峡两岸中华传统武术文化交流大赛，荣获拳术一等奖（金牌）、器械一等奖（金牌）。

2014年10月，参加中国梁山国际传统武术邀请赛，荣获传统拳术二等奖、器械武术二等奖。

2015年4月，参加中国（丰县）苏鲁豫皖首届大洪拳交流大赛，荣获拳术一等奖、器械二等奖。

2015年4月，参加山东武术齐鲁行菏泽市首届"名胜杯"演武大会，荣获优秀表演奖。

2015年8月，参加中国首届"曹州武术馆杯"太极拳邀请赛，荣获拳术一等奖（金牌）、器械二等奖（银牌）。

2015年9月，参加青岛2015世界休闲体育大会国际武术节比赛，荣获拳术一等奖、器械一等奖（金牌）。

2017年5月，荣获东南卫视中国武术世界行武术交流大会一等奖。

2018年8月，荣获菏泽市洪拳协会特殊贡献奖。

2019年10月，被菏泽市武术运动协会授予"传统武术工作先进个人"称号。

2020年6月，当选菏泽市洪拳协会第六届委员会副主席。

曹县洪拳协会名人录

大洪拳名师 苏建魁

苏建魁，生于1956年，菏泽市曹县人，中共党员，毕业于山东省党校干部管理专业，中国武术协会会员，中国武术六段，现任菏泽市洪拳协会副主席、曹县洪拳协会会长、曹县健身气功协会主席。2014—2016年连续3年被菏泽市洪拳协会评为优秀工作者，多次被有关部门评为武术先进工作者。

他自幼酷爱习练武术，7岁拜洪拳名师姬传栏为师，对六路大洪拳、二郎拳、罗汉功、擒敌拳、健身气功易筋经和八段锦等较为精通。从部队服役，再到公安局、交通局工作，几十年如一日，坚持习武从不间断。

1970年至1978年在巨野武警中队服役期间，他把武术传授给战友，共同习练，提高了军训质量。1978年转业到曹县公安局工作，凭自身过硬的本领，多次顺利抓捕犯罪嫌疑人，屡立战功，受到嘉奖和通报表彰。1987年到曹县交通局工作。在2003年抗击非典工作中成绩突出，荣立三等功。

1982年他开始传承武术，收徒380多人。2014年4月和其他老拳师共同发起成立了曹县洪拳协会，建立了南关武馆、冯庄武馆、东城武馆、刘辛庄武馆等武术培训基地，为部队、学校输送了大批优秀人才。他积极组织参加国家、省、市举办的一系列武术比赛，个人及协会会员取得了优异成绩，获金、银、铜牌200多枚。他习练并主持申请的二郎拳，2017年成为菏泽市第六批非物质文化遗产项目。为响应国家全民健身运动号召,丰富群众文化生活,推动传统武术文化发展,他带领拳师们每年都举行多场武术表演。

大洪拳名师 唐保聚

唐保聚，1964年出生，中共党员，现任菏泽市洪拳协会副主席、曹县洪拳协会副会长兼秘书长。他自幼跟曹县东关李长真老拳师习武，精通二郎拳、五花炮拳、六路大洪拳、十二路单刀、弹腿。1996年在河北枣强县，拜李红恩老拳师为师，学习少林大洪拳、少林连环拳、炮拳，至今每天练习。他参加了市、省举办的各种武术大赛。他的心愿是努力把师父的武术精神传承好，出色完成好这一代的光荣使命。

当代武林名师 冯中和

冯中和，生于1963年，菏泽市曹县人，中共党员。冯氏通背拳第二十世传人，中国武术六段。曾任曹县磐石办事处沙果园行政村党支部书记、曹县华鲁卫生材料有限公司董事长，现任菏泽市武术运动协会副主席。

他出身武术世家，自幼酷爱武术，10岁由第十八世通背拳传人冯兰进和第十九世传人冯占亭共同传授一挡拳、二挡拳、六路摧打、六路弹腿、小武架、五花炮、状元捶等拳种，以及单刀、双刀、单刀破枪、双刀破枪、空手夺枪、三节棍、长梢子棍、反手棍等器械，深得两位师父的真传。为让冯氏通背拳得到发展，他自筹资金数万元完善冯庄武术馆，这是曹县为数不多的一家不收任何费用的武馆；并扩建500平方米的训练场，添置武术器材，丰富训练内容，带领弟子们刻苦钻研，不断创新。他先后培养500多名青少年武术爱好者，并严格要求他们牢记习武先学德、学艺先学做人的传统美德，明确"十不准"，弘扬正气，见义勇为，深受广大民众的称赞。他组织并带领弟子们参加海峡两岸中华传统武术文化交流大赛和其他专项比赛，获得优异成绩。他先后多次被菏泽市洪拳协会评为先进个人。

大洪拳名师 王汉良

王汉良，生于1953年，菏泽市曹县人，中国武术协会会员，中国武术四段。现任菏泽市曹县刘辛庄武术馆长。

王汉良自幼酷爱习武，8岁拜大洪拳名师李少春为师，对大洪拳、夕阳拳、靠锤二人对打、单刀、双刀对练、双棍对打等较为精通；并且擅长穴位按摩、正骨推拿、扭伤复位，于2015年建立了刘辛庄推拿按摩中心，解决了广大群众因扭伤带来的痛苦。

1975年他开始传承中华传统武术，收徒200多人，并于2008年创建了刘辛武馆，为部队、学校输送了一大批优秀人才。他积极参加国家、省、市举办的一系列武术比赛，个人及刘辛庄武馆学员取得了优异的成绩，获金、银、铜牌100多枚。

为了传承中华传统武术，响应国家全民健身运动号召，增强国民身体素质，丰富群众文化生活，他带领队员积极参加各种武术表演。

2017年被山东省武术协会授予"武德风尚奖"，2018年、2019年连续两年被山东省武术院、菏泽市体育局、菏泽市洪拳协会授予"优秀组织奖"。2020年被菏泽市洪拳协会评为第五届武术工作"先进个人"。

巨野县洪拳协会名人录

二郎拳名家 耿广民

耿广民，生于1943年，菏泽市巨野县龙堌镇耿庄人，国家级非物质遗产项目二郎拳代表传承人。山东省武术馆校委员、菏泽市武术运动协会委员、巨野县武术运动协会副主席、巨野县大洪拳协会主席，政协巨野县第二、第三、第四、第五、第六届委员会委员。1983年当选全国千名优秀辅导员，并载入《中国当代武术名人录》。

他自幼随父习武，全家老少四辈都练武术（12人），是武术世家。

1985年他创建精英武校，培养了一大批学生。文科学生考上大学的有50多人；武科学生考入各大体育院校，如北京体育大学、广东体育学院、上海体育学院、山东体育、武汉体育学院、西安体育学院等，其中考取

北京体育大学的有40多人。

他广设武场，省外武场如安徽亳州、砀山，河南商丘、鹿邑、灵宝，陕西西安，河北石家庄，湖北均县，江苏沛县、怀安，黑龙江五大连池，山东青岛、日照等地；菏泽市内其他县区武场如梁山、黑龙庙、曹县、苗庄、成武、定陶、郓城、牡丹区、济宁、嘉祥等；巨野县内武场如沙土镇、皇镇、安兴、黄安、武安、唐庙、赵楼、谢集、董官屯等地。

后备人才很多，他们在北京、广东、青岛、日照等地都发展得很好。

二郎拳武术名人 许廷振

许廷振，1962年出生，菏泽市巨野县龙堌镇许庄村人。自幼喜爱武术，后听说耿广民师父功夫非常好，便来到龙堌镇耿庄村跟随其学习，1976年正式拜入耿广民门下学习二郎拳。1984年在宋江武术学校任教，后在七台河市体委担任主教练，在鸡西市少林武术馆担任教练。

1979年获菏泽地区武术比赛拳术第三名。

1980年获菏泽地区武术比赛对练第一名、拳术第二名。

1984年获山东省第二届工人运动会武术比赛男子长拳第三名、刀术第三名、棍术第三名、其他拳术第五名。

1986年获黑龙江省武术比赛拳术第一名、器械第二名。

2008年获山东省首届传统武术比赛拳术第一名、器械第四名。

2008年获全国武术之乡武术比赛双器械第四名、拳术第二名。

二郎拳名家 耿廷真

耿廷真，生于 1966 年，菏泽市巨野县龙堌镇耿庄村人，自幼跟随耿广民习武，为二郎拳第七代传人。

1986—1987 年在安徽亳州和湖北赤壁任教。

1988 年在宋江武校任教。

1990—1991 年在东北任教。

1994—2003 年在巨野武校任教。

1978 年参加菏泽地区武术比赛，获拳术二等奖、对练一等奖。

1979 年参加菏泽地区武术比赛，获刀术第二名。

1980 年参加菏泽地区武术比赛，获对练第一名、拳术第三名。

2008 年参加山东省首届传统武术比赛，获拳术第三名、器械第三名。

2008 年参加全国武术之乡武术比赛，获双器械第六名、拳术第四名。

2012 年参加菏泽市武术比赛，获拳术三等奖、刀夹鞭第五名。

二郎拳名师 耿海伦

耿海伦，1967年出生，菏泽市巨野县龙堌镇耿庄村人。他出生于武术世家，自幼修习家传二郎拳，为二郎拳第八代传人、申氏心意太极拳第三代传人。耿海伦自幼随父亲耿广民习练家传二郎拳，深得二郎拳奥妙，后拜申氏心意太极拳第二代传人褚衍臣门下继续深造。1985年耿广民创办精英武术学校，耿海伦在精英武术学校担任武术教练，为国家培养了大批优秀武术人才。

2007年耿海伦受邀到日照创办了日照精武馆，至今培养学生4000多人。2016年，耿海伦当选日照精武俱乐部党支部书记。2018年10月在第四届山东省武术大会比赛中，日照精武馆获得金牌9枚、银牌13枚、铜牌14枚；2019年10月在第五届山东省武术大会比赛中，获得金牌16枚、银牌19枚、铜牌17枚。

二郎拳武术名师 巴省炊

巴省炊，1965年出生，菏泽市巨野县龙堌镇巴庵村人。

他自幼喜欢武术，1986年拜耿广民为师学习二郎拳，为二郎拳第七代传人。

1981年到吉林辉南县创办武术学校，任校长并兼教练，办校5年，学员600余名。

1988年到山西省河津县创办武术学校，任校长兼教练，办校两年，学员400余名。

1996年回到家乡巴庵村创办武术学校，任校长兼武术总教练，办校4年，培养学生1000余名。

二郎拳武术名师 王西连

王西连，1966年出生，菏泽市巨野县太平镇河王庄人。他自幼喜爱武术，1980年拜耿广民为师学习二郎拳，为二郎拳第七代传人。

1981年参加菏泽地区武术比赛，获刀术第二名。

1982年参加菏泽地区武术比赛，获对练第一名、拳术第三名。

2008年参加山东省首届传统武术比赛，获拳术第三名、器械第三名。

2008年参加全国武术之乡武术比赛，获双器械第六名、拳术第四名。

二郎拳武术名家 徐秀金

徐秀金，女，耿广民儿媳，自幼习练二郎拳，为二郎拳第八代传人，现任精英武校总负责人和总教练。

2019年参加全国武术之乡武术比赛，获软器械第二名、拳术第二名。

2019年参加山东省全民运动会，获软器械第一名、拳术第一名。

2019年参加菏泽市演武大会，获软器械第一名、拳术第一名。

2019—2021年带领学生参加市、省、全国武术比赛，共获得金牌230枚、银牌20枚、铜牌7枚。

二郎拳武术名师 耿海滨

耿海滨，1971年出生，菏泽市巨野县龙堌镇耿庄村人，耿广民第三子，自幼跟随父亲耿广民学习二郎拳，为二郎拳第七代传人。

自1985年父亲耿广民创办学校以来，耿海滨一直在学校担任武术教练，为社会培养大批武术人才。2018年10月在第四届菏泽市武术比赛中，带领学生获得金牌28枚、银牌3枚、铜牌2枚。

2019年10月在第五届菏泽市武术比赛中，带领学生获得金牌25枚、银牌9枚、铜牌5枚。

二郎拳武术名人徐龙珍

徐龙珍，1960年出生，菏泽市郓城县唐庙镇仉垓村人。他自幼喜欢武术，后拜耿福寅祖师弟子仲兆温先生为师，修习二郎拳数十载。

他在仉垓村创办龙震武校，为北京体育大学输送数十名学生，大批武术人才都已就业，其中他的儿子徐长江自北京体育大学毕业后任职于国家体育总局。

二郎拳武术名师 徐河文

徐河文，1966年出生，菏泽市巨野县独山镇店子前街人，二郎拳第七代传人。中国武术协会会员，中国武术五段，巨野县洪拳协会常务副主席，菏泽市洪拳协会第六届委员会副主席。

他自幼喜欢武术，学习过大洪拳、散打、截脚、西凉掌等。1984年又拜二郎拳名家耿广民为师，进门之后，严守师训，刻苦练习，得到师父的真传。后又走亲访友，取百家之长，成为当地有名的一代拳师。

1979年获江苏省武术比赛拳术第二名、器械第三名。

1982年获江苏省武术比赛拳术第一名、器械第二名。

二郎拳名人 颜丙勋

颜丙勋，毕业于广州体育学院，国家级裁判员，中国武术六段，武术健将运动员，现任广东省武术管理中心长拳教练。

1985—1988年进入山东省巨野县精英武校习武，1989选入菏泽市武术队。

1996—2006年为广东省武术队运动员。

1994、1995、1996年先后获得山东省武术锦标赛长拳、刀术、棍术冠军。

1994年参演中央电视台春节晚会节目《狗娃闹春》，荣获一等奖。

1998—2001年参加广东省武术锦标赛、省运会，获长拳、刀、棍冠军。

2001年获全国第九届运动会男子对练第六名。

2002年获全国武术锦标赛南棍冠军。

2009年代表国家武术队出访非洲三国（南非、安哥拉、塞舌尔），开展武术交流。

2017年参加"金砖五国"运动会，任国家武术队教练。

二郎拳名师 庞金锁

庞金锁，1980年出生，菏泽市牡丹区沙土镇双庙庞庄村人，中国武术六段，国家一级裁判，国家一级教练员。1990年进入精英武校跟随徐秀金学习武术。2007年到日照市体校任职武术套路主教练，培养了大批武术冠军。

1996年获山东省希望杯武术比赛剑术第一名。

1997年获山东省希望杯武术比赛剑术第一名。

1998年获山东省希望杯武术比赛剑术第一名。

1998年获全国运动员统计赛剑术第一名。

他创办日照市广龙武术学校，五个校区各有学员近千名，毕业学员3000余名。

二郎拳名人 陈海雪

陈海雪，菏泽市巨野县人。他自幼习武，1986年在太平镇跟随二郎拳传人耿海伦学习二郎拳、大洪拳、散手、太极拳与器械，1988到耿庄精英武馆深造，1989正式拜耿海伦为师。1992年协助师父教学，先后陪同师父去安徽砀山、亳州教学。2016年在巨野县太平镇创办了精英武馆，一所集传统武术与影视特技于一体的综合性武馆。他曾与多位知名武术指导老师联合教学，如耿广民、刘献伟等，培养出多名优秀学员。2020年山东省武术散打锦标赛女子52公斤级三连冠、2021年福建省武术散打锦标赛女子56公斤级冠军、2021年菏泽市武术锦标赛南拳南棍南刀全市第一名皆出自该武馆。

二郎拳武术名人 常胜富

常胜富，1990年出生，菏泽市巨野县龙堌镇常楼村人，中共党员，师承于二郎拳名师耿海伦。

2007年4月参加第六届全国武术之乡武术比赛，获得传统单器械二等奖、拳术三等奖。2011年12月获得国家二级武术裁判证书，国家二级社会辅导员证书，河南省一级拳师证书。2012年8月参加中国（菏泽）洪拳传统武术比赛，获得器械一等奖、拳术二等奖。2012年11月担任微电影《轮回》男主角和武术指导。2013年4月参加全国武术太极拳比赛，获得陈氏二十九式太极剑一等奖、太极拳二等奖、集体项目一等奖。2013年8月参加第七届中国焦作国际太极拳交流大赛，获得陈氏太极拳一等奖、太极剑二等奖、集体项目一等奖。2013年8月编排了焦作大学第一代表队"第七届国际太极拳交流大赛"集体太极拳项目，荣获集体项目第一名。2013年9月参加河南省大学生"华光"体育活动第十届武术锦标赛，获得男子陈氏太极剑第二名、太极拳第三名。2014年5月代表焦作市编排、参加河南省第七届少数民族运动会太极拳集体项目，并获得一等奖。2015年8月参加日照市第八届武术大会，获得陈氏传统太极拳第一名。2015年8月参加第八届中国焦作国际太极拳交流大赛，获得传统太极拳一等奖、太极剑一等奖。2016年10月参加中国青岛第七届国际武术节，获得陈氏太极拳一等奖、陈氏太极剑一等奖。2017年5月成为王西安大师的入室弟子。

二郎拳武术传人 曹升赫

曹升赫，1997年出生，菏泽市牡丹区沙土镇曹楼人。他自幼喜爱武术，受自己大伯曹广省（耿广民师弟）影响，6岁便来到精英武校，拜耿海伦为师，学习二郎拳，为二郎拳第八代传人。

2011年参加菏泽市海峡两岸中华传统武术文化交流大赛，获器械二等奖。

2012年参加全国武术之乡武术比赛，获拳术第一名、器械第一名。

2016—2017年参加泰拳比赛，获得两次金腰带。

现在日照开设武馆，发扬和传承二郎拳。

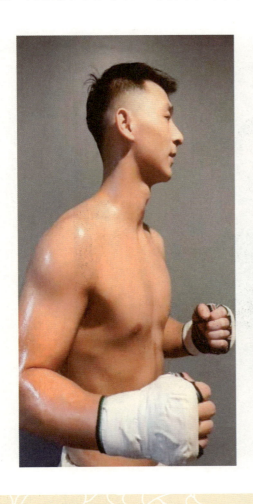

二郎拳门下弟子 于福成

于福成，1983年出生，国家一级教练员。自幼拜入徐龙珍门下学习二郎拳，并于1998年正式拜徐龙珍为师。多次参加大型武术比赛，荣获多枚金银牌。

2015年在徐龙珍的指导下开设武术训练馆，培养了大批优秀武术人才。

二郎拳传人 刘运磊

刘运磊，1986年出生，菏泽市郓城县赵楼镇人，国家一级裁判，国家一级教练，宏義文化传媒创办人。1995年拜入徐龙震门下，跟随师父开始了武术生涯。

2000年参加潍坊市"精英杯"武术邀请赛，获刀术第一名、棍术第一名。

2002年参加山东省"水浒杯"传统武术邀请赛，获棍术第一名、地躺拳第一名。

2004—2008年任北京少林文武学校高级教练员。

2009—2015年任淄博文武学校高级教练员。

2021年任职北京少林武校（淄博分校名誉校长）。现有6所大型综合素质训练馆，在校生1600余人。

成武县洪拳协会名人录

大洪拳名人 田建忠

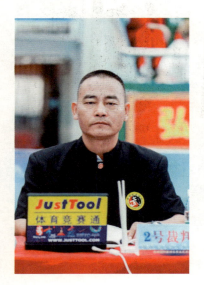

田建忠，1969出生，菏泽市成武县大田集镇人，当地人称"铁胳膊田"，国家级武术教练员、国家武术一级裁判员、武术段位考评员、武术段位指导员。现担任三亚市中国武术文化艺术研究会主席、海南省龙狮运动协会副会长、三亚山东商会副会长、菏泽市八卦掌武术协会副会长、海南省武术协会理事、三亚市天涯区武术协会会长、三亚建忠武术馆法人等职务。

田建忠自幼习武，勤奋好学，少年时拜李学宪为师，苦练教门弹腿、八卦掌、五形拳及刀术、棍术等。21岁在当地一家武校任总教练兼小学部校长。26岁时经李学宪师父允许，拜师伯王昌芳为师。在武校任教期间，先后向师爷郭瑞祥（菏泽市人）学习了梨花枪、断命刀，跟随师爷张克俭（菏泽市人）学习八卦刀、八卦剑，跟随洪传太极第二代传人吴国胜学习了太极拳，跟随师伯高来良学习了大洪拳。在兼职赵登禹将军武术学院总教练期间，跟随气功大师邓春太系统学习了硬气功。1999年担任海南省三亚市南山景区武僧表演团总教练，由于为人随和，人称"大师兄"。在此期间兼任三亚武警三中队武术教官，并指导训练三中队官兵连续三年荣获武警系统大比武冠军。

2005年，在三亚市创办三亚建忠武术馆，武馆在创办之初，就已定下"孝字当先，德行天下"的发展座右铭。凭着长期不断努力及丰富的教学经验，如今武馆已拥有三个分馆，学员来自全国各地及俄罗斯、德国、美国、澳大利亚、英国、印度等国家。田建忠的志愿是：弘扬中华武术，发展海南省武术事业，把三亚建忠武术馆创建成百年老馆，以武术为媒，结天下朋友，习各派武术，让中国武术这个有历史渊源的优秀项目一代代传承下去。

在练武传承过程中他不断加强自身的学习和提高。2015年，已经46岁的田建忠结识张剑平（原国民国术馆馆长张之江之侄），并为张剑平高超技艺和人格魅力所吸引，经两位恩师同意及张剑平大师的认可，拜在张剑平门下学习八卦掌、形意拳。

传艺近30年来，建忠武术馆培养的学员参加海南、北京、香港、山东、福建、河南等地的武术比赛，荣获金牌500多枚、银牌700多枚、铜牌300多枚。田建忠收了6名入门弟子，大徒弟刘钟壕（重庆人）、二徒弟梁晓龙（广西人）、三徒弟赖荣飞（四川人）、四徒弟邓奎（四川人）、五徒弟李金禹（海南人）、六徒弟王嘉磊（海南人）。其中大弟子刘钟壕连续三届获得海南省武术比赛全能第一名，二弟子梁晓龙连续两届获得海南省武术比赛第二名。建忠武术馆学员经常作为影视剧中的替身演员、技术演员、配角及武术指导，如《爱情睡醒了》《蓝色的诱惑》《亲密的搭档》《天涯热土》等，为武馆赢得了良好的社会声誉。

2017年任三亚市海棠区公安局武术教练。2018年应保亭县新星中学邀请，到新星中学做外聘武术教练。2019年新兴中学的4名学生在少数民族运动会中获得两金两银一铜的佳绩，填补了保亭县在这一项目中的空白。2019年应海南省保亭县思源中学的邀请，为学生传授传统武术。2020年应三亚市城市学院的邀请，为大一、大二的学生教授武术课。

单县洪拳协会名人录

大洪拳名师 周洪科

周洪科，生于1963年，菏泽市单县后花园村人。自幼深受尚武环境的熏陶，嗜爱武术，9岁拜鄄城县凤凰镇朱李庄村大洪拳名家朱道运、南兴旺为师，习练大洪拳。跟随当代武林宗师黄广勋师爷遍走古寺名刹、黄河两岸，在师爷的教导下，功夫日趋成熟完善。自宋江武校建校以来，担任传统武术教练多年，爱岗敬业，深受学生爱戴，桃李满天下。

他多次参加各种大型武术表演和比赛并获得佳绩：

2016年在第二届山东省武术大赛中获得男子E组拳术和软兵器第一名。

2017年获得徐州国际武术大赛精英总决赛冠军，获金牌2枚，现金5000元。

2018年代表国家队参加了第一届亚洲传统武术锦标赛，获得拳术冠军、器械季军。同年又获得四川阆中全国武术比赛双金。

2019年在峨眉山举办的第八届世界传统武术锦标赛中，获得双金。

山东省东营市洪拳协会名人录

大洪拳名师 张正银

张正银，生于1962年，山东鄄城人。中国武术协会会员、中国武术六段，山东省武术馆校一级教练员、一级裁判员，国家级社会体育指导员。

自幼酷爱武术，师承于武术名家南兴旺、朱道运，并经常受教于武林大师黄广勋、陈昌茂二位师爷的言传身教，各种器械得心应手，擅长散打和软器械。现任东营市武术协会副主任、东营市经济开发区武术协会副主席、东营市龙威武术学校校长兼总教练。

1985—1990年，任山东省郓城县宋江武校主教练。习武以来，共参加国际、国内以及省内外大型武术比赛30余次，获得金银奖牌80余枚。

河南省洪拳协会名人录

当代大洪拳名人 李卫东

李卫东，1968年出生，河南省滑县人，中共党员，本科学历，国网滑县供电公司技术带头人。中国武术协会会员，中国武术四段，主习大洪拳、少林五形八法拳，在河南省滑县传授传统武术。自幼跟随滑县老拳师程振义学习小洪拳、金刚罗汉拳、少林罗汉十八掌、劈挂拳等传统武术拳械，后又跟武术教授毛景广、毛景宇学习竞技武术、现代散打、自由搏击及武术散打裁判知识。1990年拜山东武术名家邓春太为师，习练大洪拳、步战刀、刀里加鞭等传统武术拳械和武术气功。他把传统功法与现代竞技体育中科学的训练方法有机地融汇到教学中，得到认可；参与传统武术挖掘整理工作，参与编撰《少林大洪拳谱》。曾在首届河南省武术重点县武术选拔赛（滑县赛区）和首届河南省滑县散打比赛中担任裁判。多次参加各级各类武术和气功比赛，近几年来取得的主要成绩有：在河南省全民健身运动交流会上获得银牌；2015年8月，在菏泽海峡两岸中华传统武术文化交流大赛获得银牌2枚；2017年5月，在中国徐州"丝路汉风"国际武术大赛获得银牌2枚；2017年8月，在菏泽海峡两岸中华传统武术文化交流大赛获得金牌1枚和银牌1枚；2017年9月，在东南卫视中国武术世界行武术交流大会（港澳站）获得金牌1枚和银牌1枚。

编后语

好事多磨，《中国洪拳》一书历经两年多时间终于与读者见面。我与菏泽市洪拳协会的赵效合会长的相识是源于何芳桂老先生的引荐。作为武术界资深编辑，何老总是想为家乡多做点事，想为家乡的武术做点事。与何老的交谈中，提到最多的就是菏泽的洪拳和洪拳中的武术逸事，我也就对菏泽洪拳产生了浓厚的兴趣，对洪拳有了最直观的第一印象。其后，应周伟良先生之约，我参加了陕西洪拳的一次学术活动，又一次感受到洪拳的生命力，在当前提及传武可能就会被喷的氛围中，居然还有这么广泛的群体在坚持习练洪拳。像是一种信仰，更是一种生活，他们闻鸡即起武、不约而同练，尊师如仪、传承有序。在快节奏的今天，是什么样的一种内在力量支撑着这个习武群体习武不辍，保持着这样一种民俗风尚？带着这个疑问，《中国洪拳》一书进入我的视野。

洪拳（陕西等地称红拳）是陕西关中、山西、山东西部菏泽、河北南部、河南北部地方拳的主流派，这是众所公认的。洪拳历史悠久，有"萌芽于商周，发源于春秋，昌于唐宋，极盛于明清"之说。中国洪拳历史传承有序、内容丰富、内涵深厚，不同时期不同区域有其不同状态和发展，是中国历史上辐射面最广、练习人员最多的一个优秀拳种。有不少拳种是在洪拳的基础上发展而来的，还有些拳种在吸取洪拳内容的基础上得以发展壮大，可以说洪拳是中国武术中最为古老而优秀的拳种之一，传承最为广泛，为中国武术的发展做出重大贡献。此书重点编写了洪拳的历史渊源与传承及一些基础内容，供初学者学习和参考。

据赵效合会长介绍，中华人民共和国成立后，菏泽市的武术事业在党和政府的关怀下得到蓬勃发展，特别是改革开放以来，在老拳师朱效芳、马守义的带领下成立了菏泽市洪拳协会，为菏泽市的武术事业带了个好头，为菏泽洪拳的发展搭建了一个大平台。

八年之前，菏泽市洪拳协会换届，在陈勇、赵效合两位主席的领导下，连续举办七届海峡两岸中华传统武术文化交流大赛，参加了数十次国内外大型武术比赛，带动了菏泽及周边地区的武术发展。他们计划下一步将根据国家体育总局的文件精神，在当前洪拳发展良好的势头上，做好"六进"工作，使洪拳文化健康有序地传承和发展下去。

这里，赵效合会长也就由于疫情等方面的原因没能按照原计划出版，对洪拳同道们致以歉意。

感谢何老和赵效合会长对我的信任，让我这个对洪拳仅略知一二，并非深研精练的习武者为本书做后记。也借本书出版之际，期望传统武术和植根于这块土地上的传统文明坚守传承、承正扬奇、创新融合、走出沼泽，迎来更为美好的未来。

李印东

北京体育大学

2023年5月7日